黃俊映、SIWON SCHOOL 語學研究所 —— 著

IELTS VOCA
雅思高頻字彙 2000

QR Code 英國真人發音

首創分科單字 聰明優化學習

　　準備雅思測驗時，必須將閱讀與聽力、寫作與口說分科學習。因為閱讀與聽力是以正確理解英文試題內容為目標，而寫作與口說則是要能將自己的想法，準確地用英語表達出來的科目。因此根據科目不同，所需單字與學習策略有所不同。

　　若想在閱讀、聽力科目取得高分，必須優先學習雅思官方真題中的高頻率單字。至於寫作與口說，則必須集中學習難度達到雅思評分 Band 6.5 以上，結合考題領域的高頻單字，最重要的是使用這些單字來造句。

　　《IELTS VOCA 高頻字彙 2000》累積 2001 年至今的雅思測驗考古題，精算統計最新出題趨勢，首創聽力閱讀（LR）、口說寫作（SW）雙科單字，分類排序雅思必考高頻率單字，制定 30 天單字學習計畫，深入分析各式雅思字彙出題重點，認識字源（etymology）、派生詞（字根、字首、字尾），增強考生單字記憶。《聽力閱讀》著重單字近義詞、搭配詞（collocations）、釋義改述（paraphrase），透過單字聯想，考生有效快速作答。《口說寫作》提供書寫體、口語體的單字雙例句、高分表達搭配詞，考生能實際運用於雅思寫作與口說。每回複習單元 ── 戰勝 IELTS 寫作 Task 2，由該單元 20 個學習單字構成，具體提供考生單字的段落寫作範例。針對雅思 7.0 以上為目標的考生，每單元也提供 IELTS 7+ 高分進階單字。為了讓考生熟悉雅思英式英語，全書以英式英語寫成，補充英式 vs. 美式發音比較，並附 QR Code 連結專業英國配音員線上音檔。《IELTS VOCA 高頻字彙 2000》專為「優化學習」量身打造，可說是市售最完善之雅思單字大全。

　　EZ TALK 在此透過《IELTS VOCA 高頻字彙 2000》，祝福所有雅思考生聽、說、讀、寫各科單字大滿貫，成功達到目標分數，實現海外求學、職涯的夢想。

正是我尋找的 IELTS 單字書

蕭志億（派老師）
字神帝國雅思名師、《New TOEIC 新制多益文法滿分關鍵》作者

　　針對雅思閱讀，我有一套獨家強大的閱讀技巧，學生不須重複閱讀文章，也能精準解題。另一方面，本人自創的「大綱式雅思寫作」，讓學生具體擬定題目，完成四段寫作架構。即使學生會學會了我的閱讀與寫作技巧，但仍因為看不懂單字而前功盡棄，他們仍須**具備雅思 6.5 級分以上的字彙量**，才能有效掌握兩者技巧，因此選擇一本合適的雅思單字書至關重要。

　　我常和學生說，如果去購買 A~Z 的單字書，倒不如直接買字典，學單字不是只有表面意思，字典裡有許多例句等用法，能正確且精準地使用單字。但字典厚厚一大本，內容過於「豐富」對許多有時間壓力的考生來說，猶如大海撈針。**EZ TALK 出版的《IELTS VOCA 高頻字彙 2000》彷彿聽到我的心聲了！這本書不僅可幫助考生有效率地增加字彙量，更能全方位提升雅思聽、說、讀寫各科能力，我認為他有以下三大優點：**

1. 分類單字

　　依照雅思常見的文章類型將單字分門別類，例如科技、教育、環境氣候……等共 20 大主題，學生在情境中記憶詞彙，讓原本沒有關聯性的單字，連結起來變成完整如圖像一般的情境。以此方式學習單字，不僅不容易忘記，更重要是在寫作遇到相同類型的題目時，才能有效快速地想起這些曾經學過的單字。

2. 詞語搭配（collocations）

　　很多同學背單字的時候都是一個一個乖乖的背，但是遇到真正要應用的時候就會隨便組合，因為學生們不知道什麼是詞語搭配，也不知道它的重要性。例如：

(1) _____ an illness　　　　　**罹患**疾病
(2) _____ a penalty　　　　　**施加**處罰
(3) _____ children's creativity　　**扼殺**小孩的創意

　　如果當初背單字的時候不懂詞語搭配的話，看到上面這些題目的時候，可能會想到 get an illness, add a penalty, kill children's creativity，但是這些都是錯誤的答案，實際上正確且道地的用法如下：

(1) **contract** an illness　　　　**罹患**疾病
(2) **impose** a penalty　　　　　**施加**處罰
(3) **stifle** children's creativity　　**扼殺**小孩的創意

3. 結合寫作

　　這本書最特別、也是最讓我驚豔的地方在於**它結合了單字與寫作**，每一日單元最後都會附上一篇寫作段落，正是由該單元的所有單字構成。這根本就是為了我而設計的一本單字書！因為它幫助解決了許多同學，在寫作時會遇到不知該如何精準使用單字的問題，學習這本書的單字寫作段落，就能實際應戰於雅思寫作中。

　　提醒各位讀者／烤鴨（考生）們，搭配這本書所安排的讀書計畫，從 Day 1 ~ Day 20，一天一個單元，20 天之後再繼續重複這樣的循環，相信你很快就可以戰勝雅思，順利出國圓夢想。最後，老師送你們一句話：

A unit a day, keep the IELTS away.

音檔
使用說明

★掃描各頁音檔前，
請先參考本頁說明。

Step-1

掃描書中 QRCode

Step-2

立即註冊

👤 帳號 　限3-21碼小寫英文數字

✉ 信箱

🔒 密碼 　限8-24碼小寫英文數字

　　　再次輸入密碼

完成

或

社群帳號註冊

f 使用Facebook註冊

Google 使用Goole註冊

👤 帳號 　請輸入電子郵件

🔒 密碼 　請輸入密碼

登入

快速註冊 ｜ 忘記密碼

或

f 使用Facebook登入

Google 使用Goole登入

快速註冊或登入 EZCourse

Step-3

請回答以下問題完成訂閱

一、請問本書第65頁，紅色框線中的英
文　　　是什麼？

答案　請注意大小寫

二、請問本書第33頁，紅色框線中的英
文　　　是什麼？

答案　請注意大小寫

送出

回答問題按送出

答案就在書中（需注意空格與大小寫）。

Step-4

完成訂閱

該書右側會顯示「已訂閱」，
表示已成功訂閱，
即可點選播放本書音檔。

Step-5

點選個人檔案

查看「我的訂閱紀錄」
會顯示已訂閱本書，
點選封面可到本書線上聆聽。

CONTENTS Listening & Reading

1 精確分析最新出題方向!

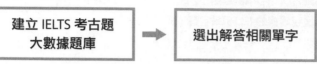

建立 IELTS 考古題 大數據題庫 ➡ 選出解答相關單字

根據早期 2001 年到近年度的 IELTS 歷屆試題,建立約 20 年的考古題大數據題庫,選出 IELTS 高頻率單字以及解題線索單字,匯集而成這本能實際提升考試成績的單字學習書。

2 完全公開與解析相關的出題重點!

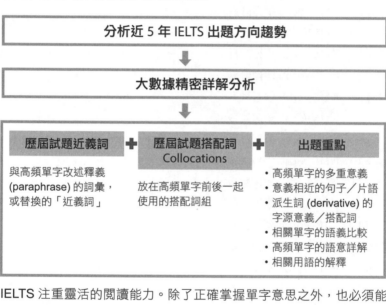

分析近 5 年 IELTS 出題方向趨勢

⬇

大數據精密詳解分析

⬇

歷屆試題近義詞 ➕	歷屆試題搭配詞 Collocations ➕	出題重點
與高頻單字改述釋義 (paraphrase) 的詞彙,或替換的「近義詞」	放在高頻單字前後一起使用的搭配詞組	• 高頻單字的多重意義 • 意義相近的句子/片語 • 派生詞 (derivative) 的字源意義/搭配詞 • 相關單字的語義比較 • 高頻單字的語意詳解 • 相關用語的解釋

IELTS 注重靈活的閱讀能力。除了正確掌握單字意思之外,也必須能夠快速地聯想到衍伸單字與改述釋義 (paraphrase),才能找到正確解答。攻讀《IELTS VOCA 雅思高頻字彙 2000》,便能訓練解題時必備的字彙聯想能力。

3 附加說明讓單字學習更有效率

字源資訊 (Etymology)	**認識語源學習更輕鬆** **vivid** 來自拉丁文（vivo 生活、活），從「**活著**」的基本意義擴大為「**生動的、鮮明的**」等意思。
英式 vs. 美式 英語比較	**英式 vs. 美式** 北美稱公寓大廈為 **apartment**，但在英國一般稱為 **flat**，這是因為建築物上方呈現平整的樣貌，沒有尖斜的屋頂。

本書收錄單字的語源說明，讓背單字變得更容易。認識語源讓學習更輕鬆，只要依照單字拼法（字首、字根、字尾），就能想起單字的意思，讓字彙學習更加輕鬆。此外，**英式 vs. 美式**比較兩國拼字、發音與字彙用法，讓讀者高分戰勝雅思英式英語。

4 Speaking 和 Writing 專用雙例句與寫作段落

SW 冊每日高頻單字提供：道地「口說」、正式「寫作」並結合雅思考題 20 大領域主題的雙例句，更將每個單字寫成 **IELTS** 寫作 Task 2 段落，讓讀者全方位高分表達，立即實戰運用所學單字。

5 嚴選 Basic Vocabulary 200

187 ☐	**candidate**	(n.) 候選人 (n.) 考生、應試者
188 ☐	**survive**	(v.) 存活、生存
189 ☐	**debate**	(v.) 辯論 (n.) 辯論

Basic Vocabulary 嚴選 IELTS 出題率八成以上的最重要基礎單字。想在 IELTS 拿高分，一定要「正確」了解這些重要單字的字義。英語入門學習者可根據單字表一併學習單字及其搭配詞組；中級學習者則可利用單字表前方的勾選欄，將不認識的單字勾選出來，做選擇性的學習即可。

Step 1 單字學習

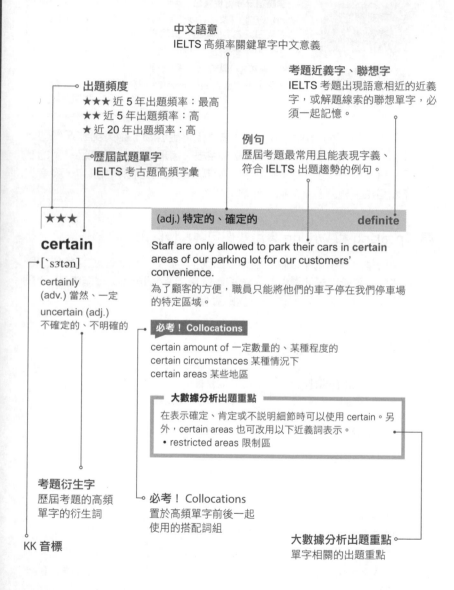

中文語意
IELTS 高頻率關鍵單字中文意義

考題近義字、聯想字
IELTS 考題出現語意相近的近義字，或解題線索的聯想單字，必須一起記憶。

出題頻度
★★★ 近 5 年出題頻率：最高
★★ 近 5 年出題頻率：高
★ 近 20 年出題頻率：高

例句
歷屆考題最常用且能表現字義、符合 IELTS 出題趨勢的例句。

歷屆試題單字
IELTS 考古題高頻字彙

★★★　　(adj.) 特定的、確定的　　**definite**

certain

[`sɜtən]

certainly
(adv.) 當然、一定
uncertain (adj.)
不確定的、不明確的

Staff are only allowed to park their cars in **certain** areas of our parking lot for our customers' convenience.

為了顧客的方便，職員只能將他們的車子停在我們停車場的特定區域。

必考！Collocations

certain amount of 一定數量的、某種程度的
certain circumstances 某種情況下
certain areas 某些地區

大數據分析出題重點

在表示確定、肯定或不說明細節時可以使用 certain。另外，certain areas 也可改用以下近義詞表示。
• restricted areas 限制區

考題衍生字
歷屆考題的高頻單字的衍生詞

必考！Collocations
置於高頻單字前後一起使用的搭配詞組

大數據分析出題重點
單字相關的出題重點

KK 音標

Step 2 單字複習

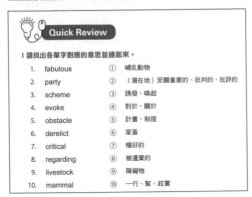

Quick Review

I 請找出各單字對應的意思並連起來。

1. fabulous   ① 哺乳動物
2. party   ② （潛在地）至關重要的、批判的、批評的
3. scheme   ③ 誘發、喚起
4. evoke   ④ 對於、關於
5. obstacle   ⑤ 計畫、制度
6. derelict   ⑥ 家畜
7. critical   ⑦ 極好的
8. regarding   ⑧ 被遺棄的
9. livestock   ⑨ 障礙物
10. mammal   ⑩ 一行、幫、政黨

Quick Review

➡ Listening & Reading 複習小站

在聽力與閱讀科目中，必須掌握單字的正確意義，且熟悉可替換的近義字。
若能迅速地將單字與近義詞連結起來，雅思單字學習便大功告成了！

Step 3 延伸字彙學習

雅思進階字彙：**自然環境**

Vocabulary Expansion

🔊 002 仔細聽音檔並閱讀單字，學習完成在框中打 ✓

☐ **seed** [sid]
(n.) 種子

☐ **sustenance** [`sʌstənəns]
(n.) 營養、種食；維生、生計

☐ **pollinate** [`pɑləˌnet]
(v.) 授粉、傳粉

☐ **botanic** [boˈtænɪk]
(adj.) 植物的

☐ **altitude** [`æltəˌtjud]
(n.) 高度

☐ **monsoon** [mɑnˋsun]
(n.) 季風、雨季

☐ **humid** [`hjumɪd]
(adj.) 潮濕的

☐ **mist** [mɪst]
(n./v.) 薄霧；使蒙上霧

☐ **temperate** [`tɛmprɪt]
(adj.) (氣候) 溫和的

☐ **acclimatize** [əˋklaɪməˌtaɪz]
(v.) 適應 (環境、氣候)

雅思進階高頻率字彙

➡ Listening & Reading Vocabulary Expansion

除了學習各 Day 高頻單字外，另外將雅思測驗經常出現的語彙按照 15 個主
題分門別類，作為延伸學習單元，幫助讀者增加字彙量。輕鬆閱讀熟悉延伸
字彙即可。

Extra Steps

Basic Vocabulary 200

讀者如果是英語入門學習者,建議背單字的同時也要學習單字的搭配詞組,而中級學習者只要將不認識的關鍵單字在標記框做上記號,選擇性地學習即可。

187 ☐	candidate	(n.) 候選人
		(n.) 考生、應試者
188 ☐	survive	(v.) 存活、生存
189 ☐	debate	(v.) 辯論
		(n.) 辯論
190 ☐	predict	(v.) 預測
191 ☐	represent	(v.) 代表
		(v.) 象徵、作為～的意義
192 ☐	unfortunately	(adv.) 不幸地、遺憾地
193 ☐	gain	(v.) 得到、贏得
		(n.) 獲利、增加
194 ☐	hire	(v.) 租用
		• hire a bike 租腳踏車
		(v.) 僱用
195 ☐	assume	(v.) 假定、臆測
196 ☐	capable	(adj.) 有能力的

QR Code 英國真人發音

學習雅思單字時,搭配真人音檔覆誦朗讀效果最佳。QR Code 隨掃聽英國外師錄製的各 Day 單字、例句與搭配詞,流利說出道地英倫腔,背單字就是這麼 EZ!

➡ 驗證 QR Code

參考 P.006 步驟,完成訂閱 EZ Course,手機就是雙冊口袋有聲書!

學習計畫表

I. 考前 30 天單字學習

Day 01	Day 02	Day 03	Day 04	Day 05
LR Day 1 SW Day 1	LR Day 2 SW Day 2	LR Day 3 SW Day 3	LR Day 4 SW Day 4	LR Day 5 SW Day 5
Day 06	**Day 07**	**Day 08**	**Day 09**	**Day 10**
LR Day 6 SW Day 6	LR Day 7 SW Day 7	LR Day 8 SW Day 8	LR Day 9 SW Day 9	LR Day 10 SW Day 10
Day 11	**Day 12**	**Day 13**	**Day 14**	**Day 15**
LR Day 11 SW Day 11	LR Day 12 SW Day 12	LR Day 13 SW Day 13	LR Day 14 SW Day 14	LR Day 15 SW Day 15
Day 16	**Day 17**	**Day 18**	**Day 19**	**Day 20**
LR Day 16 SW Day 16	LR Day 17 SW Day 17	LR Day 18 SW Day 18	LR Day 19 SW Day 19	LR Day 20 SW Day 20

II. 考前 10 天總複習

Day 21	Day 22	Day 23	Day 24	Day 25
LR Day 1~4	LR Day 5~8	LR Day 9~12	LR Day 13~16	LR Day 17~20
Day 26	**Day 27**	**Day 28**	**Day 29**	**Day 30**
SW Day 1~4	SW Day 5~8	SW Day 9~12	SW Day 13~16	SW Day 17~20

IELTS (International English Language Testing System) 是由澳洲國際文教中心 (International Development Program, IDP) 所屬機構 IELTS Australia、英國文化協會 (The British Council) 及英國劍橋大學英語考試院 (Cambridge English Language Assessment) 共同主辦，專為評鑑入學、移民、就業英語能力而設計的國際公認英語能力檢定考試。目前英國、澳洲、紐西蘭、美國、加拿大、歐盟、新加坡、香港等全球主要大學都以達到一定標準以上的 IELTS 分數作為入學資格。此外，英國、澳洲、紐西蘭、加拿大政府也將 IELTS 分數作為移民資格要求。

報考方式

IELTS 的報考費用、報名和進行方式在每個國家略有差異，正確的詳細資訊應在報名考試前於官方網站等處再次確認。以下內容是台灣一般 IELTS 考試的報考資訊。

官方報名處	英國文化協會、IDP 網站線上報名 https://tw.ieltsasia.org/ https://www.ieltstaiwan.org/
報名費	7,200 元
報考應備物品	護照（期限至成績單公布日為止皆有效之護照） 考試當日請務必攜帶護照
成績公布	考試後第 13 天
成績查詢	自成績公布日起 16 日期間可於官網線上查詢成績
領取成績單	郵寄發放（成績公布日寄送）、到場領取（成績公布日後 1 週期間）
成績複查	自考試日起 6 周內皆可申請成績複查，費用為 NT$4,100。提出申請後，需時 2-4 週的作業時間。

➡ 詳細內容請至官方網站查詢

IELTS 紙筆考試和 IELTS 電腦考試

電腦考試 Computer-delivered IELTS（CD IELTS）於 2018 年 9 月開始實施。以下是 IELTS 紙筆考試和電腦考試的不同，可以選擇對自己有利的考試方式。

	紙筆考試	電腦考試
報名費	7,200 元	7,200 元
作答方式	手寫	電腦輸入
成績公布	考試日後 13 天	考試日後 3 ～ 5 工作天
考試日程	每月 4 次	每月 50 次以上
口說測驗時間	隨機分配	事前可選擇

一般 IELTS 和 IELTS for UKVI

IELTS for UKVI 是英國簽證 Tier 1、Tier 2、Tier 4 核發條件要求的考試，自 2015 年起開始實施。UKVI 是 UK Visas and Immigration（英國內政部移民署）的縮寫。

有些學校接受一般 IELTS 和 IELTS for UKVI，但也有學校只接受 IELTS for UKVI 的成績，故務必事前確認自己目標學校的要求事項。

IELTS for UKVI 也有 Academic 和 General Training 的考試，考試科目、題目都和一般 IELTS 相同，只有考試費用的差別（IELTS for UKVI 報名費：7,820 元），考試場所只限於英國政府認定的少數地點進行。

測驗組別與評價方式

以留學為目的的考生應報考**學術組（Academic Module）**，而以移民、就業為目的的考生應報考**一般訓練組（General Training Module）**。

考試範圍	Academic Module 學術組（留學）	General Training Module 一般訓練組（移民／就業）
Listening 30 分鐘 40 題	針對對話或單人發言內容進行解答 Section 1：日常對話（2 人對話） Section 2：介紹與公告（以獨白為主） Section 3：研究課題（2 ～ 4 人的對話） Section 4：專業講座（獨白）	
Reading 60 分鐘 40 題	**3 篇文章／40 道題目** 新聞、報章雜誌、學術論文——醫學、心理學、自然科學、環境氣候、歷史人文、政治經濟、自然科學、電機工程等領域主題	**3 篇文章／40 道題目** 短篇廣告、日常公告（2 篇），職場書信、合約條款（2 篇），以及學術文章（1 篇）。
Writing 60 分鐘 2 份 Task	**Task 1** **– 150 字以上的分析寫作** 分析圖表或圖解	**Task 1** **– 150 字以上的書信寫作** 要求提供資訊或說明情況
	Task 2 – 250 字以上短文寫作 對特定主題進行具邏輯性的主張論述	
Speaking 11 ～ 14 分鐘	與主考官 1:1 對話方式 Part 1：自我介紹等輕鬆的破冰主題進行問答 Part 2：針對指定主題進行兩分鐘左右的論述 Part 3：與主考官針對 Part 2 主題進行討論	

評分標準

雅思測驗的成績是以級分（Band）為單位計算，範圍設定在 0 ～ 9 級，以 0.5 為最小級距。各級所代表的意義同下表。一般人的目標分數多設定在 5.5 ～ 7.0，但重要的是必須根據自己想申請的科系與學校所要求的分數來設定學習目標。

級分	等級	說明
9.0	Expert User 專家級用者	能完全掌握英語。能使用用詞恰當、準確且流暢的英語，並具備完美的理解力。
8.0	Very good user 優秀級用者	在不熟悉的狀況下，偶爾會使用不正確或不恰當的表達，但已能近乎完美地掌握英語。能應付複雜的辯論。
7.0	Good user 良好級用者	有時會出現使用不正確或不恰當表達的情況，但已能近乎完美地掌握英語。對於複雜的英語大致能運用自如，並能理解詳細的論說。
6.0	Competent user 普通級用者	雖然會出現使用不恰當或不正確的英語，以及理解錯誤的情況，但仍可有效用英語表達。在熟悉的環境中，能使用並理解較複雜的英語表達。
5.0	Modest user 中等程度級用者	雖然經常出錯，但在大部分的情況下能部分使用英文溝通，且可大致理解。在自己熟悉的領域可進行基本溝通。
4.0	Limited user 有限度用者	只在熟悉的環境中可進行基本溝通。在理解與表達方面經常遇到困難，難以運用複雜的英語溝通。
3.0	Extremely limited user 極有限度用者	只在極為熟悉的環境中，才可大概理解基本的意義。在進行溝通時經常遇到困難。
2.0	Intermittent 間歇用者	在英語口說與寫作方面有重大困難。
1.0	Non-user 非英語用者	除了極少數的單字外，基本上不具英語能力。
0	Did not attempt the test 未參加測驗	未參加測驗。

各科目評分標準

IELTS Listening 和 Reading 客觀上正確和錯誤的題數明確，可透過下方
評分表預測自己的分數。雖然沒有直接考字彙的題目，為了回答 IELTS
的考題，**仍需具備精確、敏銳的單字辨識力。**

Listening 評分表

Band	正確題數	Band	正確題數
1	1	6	25~32
2	2~3	7	33~37
3	4~9	8	38~39
4	10~16	9	40
5	17~24		

Reading 評分表

Academic		General Training Reading	
Band	正確題數	Band	正確題數
1	1	1	1
2	2~3	2	2~4
3	4~9	3	5~11
4	10~15	4	12~17
5	16~22	5	28~25
6	23~28	6	26~34
7	29~35	7	35~37
8	36~39	8	38~39
9	40	9	40

Writing 和 Speaking 沒有評分表，取而代之的是各科目皆有 4 項評分標準，各 4 項標準評分範圍 1 ～ 9 分，總分是 4 個成績的平均值。換句話說，即使 IELTS 考試時在 Writing 方面順利完成指定題目，Speaking 也表現流利，如果使用的**單字難度水準過低**，也很難拿到高分。

Writing 評分標準

回答是否切題 Task Achievement (= Task Response)	▶ 完成題目全部的要求 ▶ 完整陳述自己的想法和立場，並明確回答問題
字句連貫及語意邏輯連貫 Coherence and Cohesion	▶ 自然地呈現文章的流暢度與張力 ▶ 熟練地建構文句段落，句子和段落之間的詞彙及主題都必須環環相扣，符合邏輯
詞彙使用量 Lexical Resource	▶ 以非常自然且簡潔的方式運用多樣的詞彙
句型多樣性與文法正確性 Grammatical range and accuracy	▶ 流暢並正確地使用多樣的句型

Speaking 評分標準

流利度與一致性 Fluency and coherence	▶ 在沒有重複、自我修正的情況下流利表達 ▶ 不因思索適合的單字或文法而猶豫、中斷 ▶ 使用最適當的連接詞使口說內容具一貫性 ▶ 完整且適當地展開話題
詞彙使用量 Lexical Resource	▶ 在所有話題中使用的字彙皆具備完整的流暢性和正確性 ▶ 自然並正確地使用慣用語
句型多樣性與文法正確性 Grammatical range and accuracy	▶ 自然並適當地使用多樣的句型 ▶ 使用具一貫性的正確句型
發音 Pronunciation	▶ 所有發音皆準確、清楚、細膩 ▶ 自始自終維持靈活的發音 ▶ 容易理解

Memo

✓ 勾選出認識的單字，寫上中文意思。

- ☐ fabulous
- ☐ attention
- ☐ evoke
- ☐ set aside
- ☐ concession
- ☐ replace
- ☐ ought to
- ☐ query
- ☐ fort
- ☐ scheme
- ☐ immediate
- ☐ appreciate
- ☐ party
- ☐ regarding
- ☐ harm

- ☐ conceal
- ☐ objective
- ☐ mammal
- ☐ gather
- ☐ critical
- ☐ precious
- ☐ tackle
- ☐ commission
- ☐ obstacle
- ☐ conflict
- ☐ keen
- ☐ advanced
- ☐ derelict
- ☐ avert
- ☐ livestock

★	(adj.) 極好的	**wonderful**

fabulous
[`fæbjələs]

Nowadays people are too obsessed with the **fabulous** lifestyles of celebrities.

最近人們過於迷戀名人們精采的生活方式。

> **認識語源讓學習更輕鬆！**
>
> fabulous 衍生自 fable（寓言），表示像寓言一樣精采、美好。

★★★	(n.) 注意、關注、關心	**awareness, notice**

attention
[ə`tɛnʃən]

For networking purposes, it's important to pay **attention** to the job titles of the people you meet at a professional conference.

為了建立人脈，留意在專業會議上遇見的人，他們的職稱是很重要的事。

必考！ Collocations

pay attention to ~ 注意～
draw attention 引起關注
medical attention 醫療護理

> **大數據分析出題重點**
>
> 以下字彙常與 attention 同時出現，為解答關鍵字。
> • guidance 指導、引導
> • focus on 專注於

★	(v.) 喚起、想起	

evoke
[ɪ`vok]

The films of Luca Guadagnino **evoke** the 'Golden Age' of classical cinema.

盧卡格達戈尼諾的電影喚起人們對經典電影的「黃金年代」之記憶。

必考！ Collocations

evoke memories 喚起記憶
evoke responses 誘發反應

★

撥出，留出（金錢或時間）

set aside

Parents should always try to **set aside** the time to read and play with their young children.

父母總是應撥出時間和他們年幼的孩子一起閱讀和遊戲。

★

(n.) 讓步

concession
[kən`sɛʃən]

The union launched the strike because it was not willing to make steep **concessions** regarding overtime pay.

工會發動罷工，因為它不願在加班費問題上讓步。

(n.) 減價優惠　　　　　　　　　　　　**discount**

University students receive a **concession** of 50% on admission to sporting events.

大學生享有體育活動入場門票五折優惠。

必考！Collocations

No concession 無折扣
applicable concession 適用折扣

★★★

(v.) 更換、取代　　　　　　　　　　　**substitute**

replace
[rɪ`ples]

The orientation session covering employee health insurance will be **replaced** by a welcome speech from the CEO.

介紹員工健康保險的說明時間將改成執行長的歡迎致詞。

必考！Collocations

be replaced with 被～取代

┌─ **大數據分析出題重點** ─┐

雅思重視語意改寫釋義 (paraphrase)。be replaced with 可以用以下近義詞替換。
- complete repairs 維修完成
- change 變更

★★	(v.) 應當、必須	should

ought to

New laws **ought to** be made to protect residents and the environment from the dangers of natural gas extraction.

應該制定新法以保護居民和環境免於天然氣開採的危害。

大數據分析出題重點

ought to 表達「必須」或「應該」的助動詞，ought 不可單獨使用。

★★	(n.) 質問、詢問

query
[`kwɪrɪ]

The local wildlife authority will also answer **queries** about seasonal hunting and fishing limits.

當地野生動物管理單位也將回答有關季節狩獵和捕魚限制的問題。

★	(n.) 堡壘、要塞

fort
[fɔrt]
fortification
(n.) 要塞化、設防

The ruins of several Roman **forts** can still be seen throughout the English countryside.

在整個英格蘭鄉村仍可見到幾處廢棄的羅馬堡壘。

★★★	(n.) 計畫、制度	programme

scheme
[skim]

Many advertising experts agree that releasing several short commercials instead of a single long one is a clever marketing **scheme**.

許多廣告專家同意以播放多支簡短廣告，替代一支冗長廣告是明智的行銷計畫。

 必考！Collocations

a recycling scheme 回收再利用政策
an incentive scheme 獎勵計畫、激勵制度
a pension scheme 退休金制度

★★★	(adj.) 即時的、立刻的	instant

immediate
[ɪˋmidɪət]

immediately
(adv.) 立即地、緊接地

Providing a healthy breakfast to primary school students will have an **immediate** effect on their academic performance.

提供小學生健康早餐將對他們的學業表現有立即影響。

 必考！ Collocations

in the immediate future 在不久的將來

★★★	(v.) 賞識；感激	value

appreciate
[əˋpriʃɪˌet]

appreciation
(n.) 感謝、欣賞

appreciative
(adj.) 感激的、讚賞的

Critics did not fully **appreciate** Van Gogh's talent or artistic vision until long after his passing.

直到梵谷去世很久以後，評論家才能完全賞識他的才華或藝術觀點。

(v.) 認識、了解（充分了解狀況或問題點）	recognise

When walking through the slums of Kolkata, you immediately **appreciate** the depth of poverty faced by local residents.

在穿越加爾各答貧民窟時，你立即了解當地居民面臨的貧困嚴重性。

★★	(n.) 一行、幫、政黨	group

party
[ˋpɑrtɪ]

We will have to divide the group into **parties** of eight for everyone's convenience on the tour.

為了旅行中所有人方便，我們必須把隊伍分成八人一組。

 必考！ Collocations

the other party 對方
the third party 第三方

大數據分析出題重點

party 一般的意思是「派對、宴會」，但雅思常出現「黨派、政黨」的用法，也曾在考題中作「當事人」。

| ★★★ | (conj.) 關於、對於 | concerning, in respect of |

regarding

[rɪˋgɑrdɪŋ]

Any queries **regarding** room and trip reservations can be answered by the hotel's front desk attendant.

任何詢問關於預約房間和行程，都可由飯店櫃檯服務員位您解答。

大數據分析出題重點

regarding 和 about 可視為同義字。以下是雅思常見的詞彙，意義上皆可用來替代 about：
- on 對於
- concerning 對於
- as to 對於
- in relation to 對於
- with regard to 對於、關於
- in regard to 對於、關於
- in that regard 關於（剛才提及的）

| ★★ | (v.) 危害 | injure |

harm

[hɑrm]

harmful (adj.) 有害的
harmless (adj.) 無害的

Tourists exploring the island can **harm** the natural environment, often without even realising it.

探索這座島嶼的遊客可能會破壞自然環境，但他們往往沒有意識到這一點。

(n.) 傷害、損害

Lab procedures must be followed in order to prevent personal **harm**.

為了避免個人傷害，務必要遵守實驗室程序。

 必考！Collocations

harm to ~ 對~有害處
do more harm than good 弊大於利

| ★ | (v.) 隱瞞、掩藏 | hide |

conceal

[kənˋsil]

The painter's amateur brushwork was **concealed** by the surprising mix of colours.

畫家的業餘畫風被驚豔的色彩組合遮蓋掉了。

★★★

objective

[əbˋdʒɛktɪv]

objectively
(adv.) 客觀地

(n.) 目的、目標   **ambition, aim**

The study's primary **objective** is to find out why the coral reefs are dying.

這項研究的主要目的在於找出珊瑚死亡的原因。

> **大數據分析出題重點**
>
> 由於單字結尾是形容詞字尾 (-ive)，容易被認為只當形容詞使用，然而這個單字可以作為名詞和形容詞，而且這兩種詞類的用法都經常出現在雅思考題中。

(adj.) 客觀的   **unbiased**

Some art critics believe the value of art is determined by **objective** methods of evaluation rather than individuals' reactions.

有些藝術評論家認為藝術的價值不是根據個人的反應，而是由客觀的評價方法決定。

★★★

mammal

[ˋmæməl]

(n.) 哺乳動物

Cetaceans are marine **mammals** comprising whales, dolphins and porpoises.

包含鯨魚、海豚和鼠海豚等鯨目動物是海洋哺乳動物。

必考！Collocations

marine mammal 海洋哺乳動物
terrestrial mamma 陸上哺乳動物

★★

gather

[ˋgæðɚ]

gathering
(n.) 聚會、會議

(v.) 聚集   **collect, assemble**

Every winter the charity **gathers** donations in order to restock its food bank.

每年冬天，這家慈善機構都會為了補充救濟站的存糧，進行募集捐款。

必考！Collocations

gather information 蒐集情報
gather evidence 蒐集證據
hunter-gatherers 狩獵採集者

| ★★★ | (adj.) 關鍵的、重要的　　　important, crucial |

critical
[`krɪtɪkəl]

critically
(adv.) 批判性地
criticise (v.) 批評

Tablet devices are **critical** to increasing the efficiency of our serving staff.
平板設備對於提高我們服務人員的效率非常重要。

必考！Collocations

critical skills 核心技術
critical factors 決定性因素

(adj.) 批判的、批評的　　　negative, judgmental

Reviewers were **critical** of the author's biased depiction of female characters as helpless and timid.
書評們批評這位作者對女性角色懦弱無助的描寫有偏見。

必考！Collocations

critical acclaim 贏得評論家的好評

大數據分析出題重點

由此單字衍生出的名詞有 critic（批評家）和 criticism（批評），注意勿把 critic 當做形容詞。雅思考題常出現複數型態的 critics。

| ★★ | (adj.) 珍貴的、貴重的　　　valuable |

precious
[`prɛʃəs]

The new recycling scheme is designed to save **precious** and limited natural resources in an easier way.
新資源回收行動是為了以更簡單的方法，保存珍貴的有限天然資源。

必考！Collocations

precious resources 珍貴的資源
precious materials 珍貴的材料
a precious opportunity 寶貴的機會

大數據分析出題重點

雅思也稱金、銀等「寶石類」為 precious metal。

★	(v.) 解決

tackle
[`tækəl]

There is no shame in seeking the advice of others when **tackling** a complex problem.
解決複雜的問題時，尋求他人的建議並非羞恥的事。

★	(n.)（承接委任的）委員會　　committee

commission
[kə`mɪʃən]

The International Test **Commission** oversees the proper administration and application of educational tests.
國際考試委員會負責監督教育考試適當的管理與執行。

(n.)（承接委任的）手續費、佣金　　fee

Employees at Kanver Furniture were displeased when management replaced **commissions** with an hourly pay increase.
對於管理階層以增加時薪取代銷售佣金的作法，坎弗家具公司的員工感到不滿。

(v.) 委託（工作）、委任（職位等）

The famous portrait, which is now on display in the National Museum, was **commissioned** by a member of the royal family and painted in 1665.
目前正於國立博物館展出的這幅著名肖象畫，受皇室成員委託，於 1665 年繪製而成。

必考！Collocations

be commissioned to ~ 被委任為～
be commissioned by ~ 受～委託

認識語源讓學習更輕鬆！

commission 結合自 com-（一起）、mission（派遣、任務），延伸為「委託、委任」之意。

★★	(n.) 障礙物	obstruction

obstacle

[ˋɑbstəkəl]

Poor economic conditions are a massive **obstacle** to technological development.

困難的經濟狀況是科技發展的巨大障礙。

★★★	(n.) 矛盾、衝突	disagreement, quarrel

conflict

[ˋkɑnflɪkt]

The CEO's announcement about the huge investment in R&D led to **conflict** between the major shareholders.

首席執行長巨額的研發投資聲明，引發了主要大股東之間意見的衝突。

必考！Collocations

cause conflict 導致矛盾
foster conflict 造成矛盾
resolve conflict 解決矛盾
break up conflict 解除矛盾
minimise conflict 將矛盾降至最低

大數據分析出題重點

conflict 也可當做動詞，但重音在第二音節，
讀成 [kənˋflɪkt]。
conflicting (adj.)，意指「相互衝突的、相爭的」，
以下 collocations 常見於雅思考題：
- conflicting needs 互相矛盾的要求
- conflicting priorities 互相衝突的優先順序
- conflicting views 互為矛盾的觀點

★★★	(adj.) 熱心的	

keen

[kin]

keenly
(adv.) 熱心地；敏銳地

Local authorities were **keen** to promote the opening of the new hospital as a part of the efforts to boost the local economy.

地方當局熱衷於推動新醫院開業，以此作為努力促進當地經濟發展的一環。

必考！Collocations

keen on ~ 熱衷於、對~著迷
keen to do ~ 深切地希望做~

★★★

advanced
[əd`vænst]

(adj.) 高度的、高級的、進步的

Applicants for the software developer position should have **advanced** understanding of several different programming languages.

應徵軟體開發人員職務的應徵者，應對各種不同的程式語言有高度的理解力。

必考！Collocations

advanced technology 尖端技術、先進技術
advanced thinking 先進的思維
advanced courses 進階課程、高級班

英式 vs. 美式

[a] 發音在英國讀 [ɑ]，在美國讀 [æ]。
advanced 英式發音 [əd`vɑnst]，美式發音 [əd`vænst]。

★

derelict
[`dɛrə,lɪkt]

(adj.) 被遺棄的　　　　　　　　　　**abandoned**

The **derelict** apartment building is scheduled for demolition in the spring.

這棟廢棄的公寓大廈預計在春天拆除。

★

avert
[ə`vɜt]

(v.) 避免、防止　　　　　　　　　　**avoid**

He **averted** financial disaster by selling his pharmaceutical stocks before they crashed.

他在自己持有的醫藥股崩盤前，就賣掉股票，避開了金融股市災難。

★★

livestock
[`laɪv,stɑk]

(n.) 家畜　　　　　　　　　　　　　**animal**

Certain breeds of dogs, such as the Border Collie, excel at herding and protecting **livestock**.

像邊境牧羊犬這種特定品種的狗，擅長放牧和保護家畜。

Quick Review

I 請找出各單字對應的意思並連起來。

1.	fabulous	①	哺乳動物
2.	party	②	（潛在地）至關重要的、批判的、批評的
3.	scheme	③	誘發、喚起
4.	evoke	④	對於、關於
5.	obstacle	⑤	計畫、制度
6.	derelict	⑥	家畜
7.	critical	⑦	極好的
8.	regarding	⑧	被遺棄的
9.	livestock	⑨	障礙物
10.	mammal	⑩	一行、幫、政黨

II 請找出各單字對應的近義字並連起來。

11.	objective	⑪	discount
12.	commission	⑫	substitute
13.	concession	⑬	collect
14.	replace	⑭	fee
15.	immediate	⑮	recognise
16.	conceal	⑯	disagreement
17.	avert	⑰	instant
18.	gather	⑱	unbiased
19.	appreciate	⑲	hide
20.	conflict	⑳	avoid

解答

1. ⑦ 2. ⑩ 3. ⑤ 4. ③ 5. ⑨ 6. ⑧ 7. ② 8. ④ 9. ⑥ 10. ①
11. ⑱ 12. ⑭ 13. ⑪ 14. ⑫ 15. ⑰ 16. ⑲ 17. ⑳ 18. ⑬ 19. ⑮ 20. ⑯

🎧 **002** **仔細聽音檔並閱讀單字，學習完成在框中打 ✓**

☐ **seed** [sid]
(n.) 種子

☐ **sustenance** [ˋsʌstənəns]
(n.) 營養、糧食；維生、生計

☐ **pollinate** [ˋpɑləˏnet]
(v.) 授粉、傳粉

☐ **botanic** [boˋtænɪk]
(adj.) 植物的

☐ **altitude** [ˋæltəˏtjud]
(n.) 高度

☐ **glacier** [ˋgleʃɚ]
(n.) 冰河

☐ **tundra** [ˋtʌndrə]
(n.) 凍原帶、苔原帶

☐ **Mediterranean** [ˏmɛdətəˋrenɪən]
(adj.) 地中海的

☐ **subtropical** [sʌbˋtrɑpɪkəl]
(adj.) 亞熱帶的

☐ **sugar cane**
(n.) 甘蔗

☐ **monsoon** [mɑnˋsun]
(n.) 季風、雨季

☐ **humid** [ˋhjumɪd]
(adj.) 潮溼的

☐ **mist** [mɪst]
(n./v.) 薄霧；使蒙上霧

☐ **temperate** [ˋtɛmprɪt]
(adj.)（氣候）溫和的

☐ **acclimatize** [əˋklaɪməˏtaɪz]
(v.) 適應（環境、氣候）

☐ **rustic** [ˋrʌstɪk]
(adj.) 鄉村式的

☐ **shellfish** [ˋʃɛlˏfɪʃ]
(n.) 貝類

☐ **coral** [ˋkɔrəl]
(n.) 珊瑚

☐ **salinity** [səˋlɪnətɪ]
(n.) 鹽份

☐ **tide** [taɪd]
(n.) 潮水、潮流

Memo

IELTS Vocab
學習計畫

✓ 勾選出認識的單字，寫上中文意思。

☐ hierarchy

☐ struggle

☐ vivid

☐ explosive

☐ restriction

☐ distinguish

☐ attribute

☐ controlled

☐ costly

☐ infest

☐ require

☐ fatal

☐ abundant

☐ intuitive

☐ efficiency

☐ equivalent

☐ domestic

☐ aggravate

☐ encounter

☐ convert

☐ suffer

☐ assess

☐ classify

☐ assemble

☐ rely

☐ enable

☐ decline

☐ regardless of

☐ merely

☐ aspiration

hierarchy

[`haɪə,rɑrkɪ]

hierarchically
(adv.) 階層式地

(n.) 階層、等級

Wolves are well-known for following the **hierarchy** of their packs.

狼以遵循狼群自己的級制度而聞名。

 Collocations

in a hierarchy 以階層結構式

★★★

struggle

[`strʌɡəl]

(v.) 掙扎；奮戰

Early astronomers such as Galileo **struggled** to present their views against the Church.

伽利略等早期天文學家們，努力奮戰提出與教會相左的看法觀點。

 Collocations

struggle to do ~ 為了做~而奮戰
struggle with ~ 和~搏鬥、奮戰

(n.) 難事、鬥爭　　　　　　　harsh

The unexpected death of the company's founder led to a **struggle** for ownership of the company among his children.

那家公司的創辦人意外去世，導致他的子女們為了公司所有權而爭執。

★★

vivid

[`vɪvɪd]

vividly
(adv.) 生動地、活潑地

(adj.) 生動的、活潑的　　　　　dramatic

The film created a **vivid** depiction of daily life in Victorian London.

這部電影生動描繪出維多利亞時代倫敦的日常生活。

Collocations

vivid media coverage 生動的媒體報導

> **認識語源讓學習更輕鬆！**
>
> vivid 源自拉丁文（vivo 生活、活），從「活著」衍生為「生動的、鮮明的」。

★★

explosive
[ɪk`splosɪv]

(adj.) 急遽增加的、爆發性地

The lead actors' **explosive** chemistry on screen made the romance film an instant classic.

主角們在螢幕上激發出的火花，讓這部愛情電影立刻成為經典。

 必考！Collocations

explosive release 爆炸性地釋出

(n.) 爆炸物、爆炸

The first nuclear **explosive** was tested on July 16, 1945, and had the energy of 22 kilotons of TNT.

第一次核爆在 1945 年 6 月 16 日進行測試，其能量相當於 2 萬 2 千噸的三硝基甲苯 (TNT)。

必考！Collocations

stabilise an explosive 使爆炸物穩定

★★★

restriction
[rɪ`strɪkʃən]

restrict (v.) 限制
restrictively
(adv.) 限制性地
unrestricted (adj.)
不受限制的、不受約束的

(n.) 限制、限制規定　　　　　　　limitation

The Public Transportation Department has introduced new **restrictions** on bringing food and hot beverages onto subways and buses.

公共交通部對攜帶食物和熱飲至地鐵和公車，實施新的限制規定。

 必考！Collocations

caloric restriction 熱量限制
without restriction 沒有限制

★★★

distinguish
[dɪ`stɪŋgwɪʃ]

undistinguished
(adj.) 不特別的
indistinguishable
(adj.) 不能辨別差異的

(v.) 區分、識別　　　　　　　　　recognise

Supporters of the ban argue that children are losing the ability to **distinguish** between real life and video games.

該禁令的支持者認為，孩童們正失去區分現實生活和電玩遊戲的能力。

attribute

★★★

[əˋtrɪbjut] (v.)

[ˋætrəˏbjut] (n.)

attributable (adj.)
歸因於～的，由於～的

(v.) 把～歸因於

Bill Gates **attributed** much of the success of Windows to its simplicity and functionality.

比爾蓋茲認為 Windows 的成功，絕大部分歸功於它的簡易性和功能性。

 必考！Collocations

be attributed to 歸因於～、認為是歸功於～

(n.) 屬性、特徵

Adaptability and mobility were key **attributes** of the invading Mongol forces.

適應性和機動性是蒙古侵略軍的核心特徵。

controlled

★★★

[kənˋtrold]

uncontrolled
(adj.) 不受控制的

(adj.) 被控制的

The psychologists hoped to repeat the social experiment in a variety of **controlled** conditions.

心理學家們希望在各種控制條件下重複這項社會實驗。

必考！Collocations

controlled environment 受控環境
controlled experiments 受控實驗（對照實驗）
internally controlled 內部控制的
properly controlled 適當控制的

costly

★★

[ˋkɔstlɪ]

cost (n.) 價格

(adj.) 昂貴的、花費高的　　　　　expensive

Many students give up on their dreams of being a photographer after realising how **costly** the equipment is.

許多學生知道設備的花費有多高之後，就放棄成為攝影師的夢想。

大數據分析出題重點

形容詞後面加上 -ly 成為副詞，名詞後面加 -ly 成為形容詞，因此 cost（名詞）加 -ly 字尾，變成形容詞 costly。costly 在雅思考試中相當常見，但很少單純出現在名詞前，容易被誤解為副詞，在閱讀時要特別留意。

infest

★

[ɪnˈfɛst]

infestation
(n.) 群襲、橫行

(v.)（昆蟲或老鼠等）大批出沒、侵擾

Many of the above-water coral reefs within the Chagos Archipelago are **infested** with rats.

查戈斯群島地區許多浮出水面的珊瑚礁受大批老鼠侵擾。

必考！ Collocations

be infested by~ 被~群襲、~蔓延成災

---

require

★★★

[rɪˈkwaɪr]

requirement
(n.) 要求、條件

(v.) 要求　　　　　　　ask, need

Parcels sent by our premium service **require** a signature on delivery.

由我們優質服務寄出的包裹，需要在交貨時簽名。

必考！ Collocations

require somebody to do something 要求某人做某事
be required for ~ 為了~而必須

大數據分析出題重點

require 有義務、要求做某事，因此雅思解題時可以與下列字彙連結。
- must 必須
- duty 義務
- fill 滿足

---

fatal

★

[ˈfetəl]

(adj.) 致命的、致死的

Texting while driving could lead to a **fatal** accident.

駕駛中發送簡訊，可能會導致致命的交通事故。

必考！ Collocations

fatal accidents 死亡事故

---

abundant

★★

[əˈbʌndənt]

abundance (n.) 豐富

(adj.) 豐富的　　　　　　rich, plentiful

Crops have become more **abundant** throughout the region thanks to the efforts of the non-profit organisation.

多虧非營利組織努力，整個地區的農作物變得更加豐裕。

★★

	(adj.) 直覺的

intuitive

[ɪn`tjuɪtɪv]

intuitively
(adv.) 直覺地

intuition
(n.) 直覺、直觀

Microsoft Windows became known for its **intuitive** user interface and simple presentation.

微軟 Windows 因其直覺式的使用者介面和簡約的呈現方式而聞名。

必考！Collocations

counter-intuitive 違反直覺的

★★

	(n.) 效率、效能

efficiency

[ɪ`fɪʃənsɪ]

efficient (adj.) 有效率的

Allowing employees time to exercise during the day may increase their **efficiency** when working.

允許員工在一天中有運動時間，可增加他們的工作效率。

必考！Collocations

water-use efficiency 用水效率（水利用效率）
energy-producing efficiency 能源生產效率
improve efficiency 改善效率

★★

	(n.) 相等

equivalent

[ɪ`kwɪvələnt]

equivalence (n.) 相等

One terabyte is the **equivalent** of 1,000 gigabytes.

1TB 相當於 1,000GB。

必考！Collocations

the equivalent of ~ 相當於～、等同於～

大數據分析出題重點

equivalent 也可以當形容詞，在雅思考試中常以「相等的、相同的」的意思出現。
• equivalent to~ 和～相同、相等

認識語源讓學習更輕鬆！

equivalent 結合自 equi-（同等）+ -val（價值）+ -ent（名詞或形容詞字尾），同等價值就是「相同的、同等的」。

domestic
[dəˋmɛstɪk]

(adj.) 國內的;家庭的、家裡的　　　　**home**

The new talk programme will invite guests to discuss serious **domestic** issues, such as social security and immigration.

新的談話節目將邀請來賓討論嚴肅的國內議題,例如社會安全和移民。

必考! Collocations

domestic tasks 國內課題
domestic markets 國內市場

---

aggravate
[ˋægrəˌvet]

aggravation (n.) 惡化

(v.) 使惡化

The poor harvest **aggravated** the already weakened economy.

歉收使原本已削弱的經濟更加惡化。

必考! Collocations

aggravate pain 加劇疼痛

認識語源讓學習更輕鬆!

aggravate 結合 ag-(to 向、往～,是 ad- 的變形)+ -gravate(重,拉丁語 gravis 的演變),因此就是「使嚴重、惡化」的意思。另外,gravity(重力)也是來自拉丁語 gravis。

---

encounter
[ɪnˋkaʊntə]

(v.)(意外)相遇、巧遇　　　　**come across**

While establishing Reelane Inc., the three co-founders **encountered** several obstacles, all of which were quickly overcome.

在設立 Reelane 公司的過程中,三位共同創辦人遇到一些障礙,不過很快都被克服了。

大數據分析出題重點

encounter 也可做名詞使用,雅思考題出現過以下 collocation。
• an encounter with 與～的相遇

★★

convert

[kən`vɝt]

(v.) 轉換、變換　　**transform, change, adapt**

A new urban trend is to **convert** bare apartment rooftops into vibrant green gardens.

城市的新趨勢是將空蕩蕩的公寓屋頂，轉換成充滿活力的綠色花園。

必考！Collocations

convert (A) into (B) 將 A 轉換成 B

★★★

suffer

[`sʌfə]

(v.) 受苦

Studies have shown that children who have **suffered** severe stress have greater difficulty forming meaningful relationships later in life.

多數研究顯示，承受巨大壓力的孩子們，在往後生活中更難建立有意義的人際關係。

(v.) 罹患疾病、受疾病所苦　　**be affected by**

Individuals who **suffer** from the flu may have a variety of symptoms, including a fever, headache, and joint pains.

患有流行感冒者可能出現各種症狀，其中包括發燒、頭痛和關節疼痛等。

★★★

assess

[ə`sɛs]

assessment (n.) 評價

(v.) 評價　　**rate, calculate, monitor**

Samples are taken from fresh water sources at different times of the day in order to **assess** the level of contamination.

為了評估污染程度，一天中我們會在不同的時間從淡水源頭採集樣本。

★★

classify

[`klæsə͵faɪ]

classification
(n.) 分類、類別

(v.) 分類　　**categorise, interpret**

Tropical storms are **classified** according to their pressure, wind speed, and damage potential.

熱帶風暴根據其氣壓、風速和致災可能性來分類。

assemble

★★

[əˋsɛmbəl]

assemblage (n.) 聚會
assembly
(n.) 會議、集會；組裝

(v.) 聚集、組裝　　　　　　　　　gather

Members of the charity organisation **assemble** every Saturday to help build a house for someone in need.

這個慈善組織的成員們每周六都聚集在一起，幫助遭遇困難的人建造房子。

必考！ Collocations

assemble a team 組成隊伍

(v.) 組裝　　　　　　　　　put together

A 69-metre-high platform was **assembled** at Belfast Harbour to facilitate the construction of the Titanic and her sister ships.

為了建造鐵達尼號和她的姊妹船，在貝爾法斯特港組裝了一個 69 公尺高的平台。

---

rely

★★★

[rɪˋlaɪ]

(v.) 依靠

Most freelancers **rely** heavily on their financial advisors about various tax issues.

大多數的自由工作者在各式各樣的稅務問題上，高度倚賴他們的財務顧問。

必考！ Collocations

rely on ~ 依賴～

---

enable

★★★

[ɪnˋebəl]

(v.) 使能夠　　　　　　　　　allow, permit

Working with a financial expert can help you improve your credit score, **enabling** you to receive housing loans at reduced interest rates.

與財經專家一起工作有助於提高你的信用評分，使你可以用較低的利率獲得房屋貸款。

必考！ Collocations

enable A to ~ 使 A 能夠～

★★★

decline
[dɪˈklaɪn]

The percentage of land covered by glaciers in the Antarctic has steadily **declined**.
南極冰河覆蓋的陸地比例持續減少。

必考！Collocations

quickly decline 快速減少
substantially decline 大幅下降

(n.) 減少、下降

The national **decline** in voter participation led some to speculate about the future of democracy.
全國選民投票參與度下降，促使一些人深思民主的未來。

必考！Collocations

decline in something 某事物的降低、減少

大數據分析出題重點

decline 常出現雅思線索句，解題時常與下列字彙連結。
- change 變化、改變
- threat 威脅
- problem 問題點

★★

regardless of

(prep.) 不管、無論　　　　　　　　despite

All officers, **regardless of** age or rank, will be required to take the new training courses.
不論年齡或職級，所有長官均需參加新培訓課程。

大數據分析出題重點

以下是其他表達「儘管」的介系詞片語：
- despite
- in spite of
- unconcerned about
- notwithstanding

merely
[`mɪrlɪ]

mere
(adj.) 僅僅的、只不過的

(adv.) 僅僅、只不過　　　　　　　　　**simply**

I was able to improve my phone's performance by **merely** deleting a single application.

我只要刪除一個應用程式，就能提高我的手機性能。

必考！Collocations

not merely 不只是

aspiration
[ˌæspəˋreʃən]

(n.) 志向、抱負

Teachers and parents should always encourage a child's **aspirations** and dreams.

教師和父母應經常對孩子的志向和夢想予以鼓勵。

> **大數據分析出題重點**
>
> aspirator（吸氣器）的拼音和 aspiration 相近，但這兩個字的意思完全不同，記得多加留意。

I 請找出各單字對應的意思並連起來。

1.	vivid	①		（昆蟲或老鼠等）大批出沒、侵擾
2.	equivalent	②		受苦、罹患疾病
3.	intuitive	③		相等
4.	hierarchy	④		生動的、活潑的
5.	aggravate	⑤		區分、識別
6.	suffer	⑥		階層、等級
7.	infest	⑦		使惡化
8.	attribute	⑧		把～歸因於、屬性、特徵
9.	rely	⑨		依靠
10.	distinguish	⑩		直覺的

II 請找出各單字對應的近義字並連起來。

11.	struggle	⑪		categorise
12.	restriction	⑫		expensive
13.	merely	⑬		transform
14.	regardless of	⑭		despite
15.	costly	⑮		decrease
16.	abundant	⑯		gather
17.	classify	⑰		simply
18.	assemble	⑱		harsh
19.	decline	⑲		rich
20.	convert	⑳		limitation

解答

1. ④ 2. ③ 3. ⑩ 4. ⑥ 5. ⑦ 6. ② 7. ① 8. ⑧ 9. ⑨ 10. ⑤
11. ⑱ 12. ⑳ 13. ⑰ 14. ⑭ 15. ⑫ 16. ⑲ 17. ⑪ 18. ⑯ 19. ⑮ 20. ⑬

仔細聽音檔並閱讀單字，學習完成在框中打 ✓

☐ **find out**
　找出、發現

☐ **turn up**
　出現

☐ **put forward**
　提出、提議

☐ **stick out**
　突出、顯眼

☐ **stick to**
　（強忍著艱辛）堅持～

☐ **put together**
　組裝、加起來

☐ **back up**
　後援、支持

☐ **in advance**
　提前

☐ **come up with**
　想到（主意等）

☐ **in the long run**
　從長遠來看、終究

☐ **work out**
　解決、運動

☐ **in sequential order**
　按順序

☐ **bear in mind**
　牢記

☐ **a handful of**
　少數的

☐ **shed light on**
　照亮、闡明、解釋清楚

☐ **a variety of**
　各式各樣的

☐ **make up**
　構成、彌補

☐ **a number of**
　許多

☐ **end up**
　最終淪落（某種下場）

☐ **in favour of**
　贊成、對～有利

Memo

IELTS Vocab
學習計畫

✓ **勾選出認識的單字，寫上中文意思。**

- ☐ entice
- ☐ establish
- ☐ pose
- ☐ threat
- ☐ pupil
- ☐ reveal
- ☐ eradicate
- ☐ inspire
- ☐ continent
- ☐ motivate
- ☐ behave
- ☐ invariably
- ☐ sceptical
- ☐ artificial
- ☐ fascinating

- ☐ risk
- ☐ effect
- ☐ administer
- ☐ practice
- ☐ damage
- ☐ subsequent
- ☐ due
- ☐ permanent
- ☐ smuggle
- ☐ fossilize
- ☐ destroy
- ☐ cope with
- ☐ beneficial
- ☐ last
- ☐ robust

★	(v.) 引誘、誘惑	tempt

entice
[ɪnˋtaɪs]

Several special events are used to **entice** patrons to restaurants during the weekdays.

為了吸引顧客在平日到餐廳用餐而舉辦一些特別活動。

★★★	(v.) 建立、確立	set up

establish
[əˋstæblɪʃ]

establishment
(n.) 建立、確立

Plans were put into practice to **establish** a population of endangered kiwi birds on the island.

為了確立島上瀕臨絕種的奇異鳥總數，相關計畫已經開始實施。

大數據分析出題重點

分詞形容詞 established 的基本字義為「已確立的」，不過雅思考題常以「公認的、著名的」的意思出現。
- well-established 得到確認的；公認的、著名的

★★★	(v.) 提出（問題、危險等）	

pose
[poz]

Once a toddler begins to walk, the parents must scan their homes for anything that might **pose** a potential risk.

一旦學走路的孩子開始走動，父母就必須查看家中任何可能引發潛在危險的環節。

必考！Collocations

pose a puzzle 提出疑問

★★★	(n.) 威脅	risk, danger, fear

threat
[θrɛt]

threaten (v.) 威脅

The increasing popularity of streaming services poses a **threat** to both traditional broadcasting companies and cable television providers.

人氣竄升的串流服務，對傳統廣播公司和有線電視業者都構成威脅。

必考！Collocations

threats to ~ 對~的威脅
pose a clear threat 構成明顯的威脅

| ★★★ | (n.) 學生 |

pupil
[`pjupəl]

Teachers must give special attention to **pupils** who struggle with the class material.
教師必須特別關注那些對課堂教材感到吃力的學生。

 Collocations

gifted pupils 資優生

| ★★★ | (v.) 揭露、顯示 | discover, uncover |

reveal
[rɪ`vil]

The article **revealed** that the CEO had been hiding some of the company's profits in a foreign bank account.
這篇報導揭露了這位執行長將部分公司獲利藏匿在一家海外銀行帳戶。

| ★ | (v.) 根除 | disappear |

eradicate
[ɪ`rædɪˌket]

eradication (n.) 根除

Polio is one of the diseases that has been nearly **eradicated** by vaccines.
小兒麻痺是藉由注射疫苗，達到幾乎根絕的疾病之一。

 Collocations

eradicate famine 根除飢荒

> **認識語源讓學習更輕鬆！**
>
> 此單字結合自 e-（ex-，往外）+ radi-（根），向外移除根，就是「根除、根絕」的意思。

| ★★★ | (v.) 激發靈感的、鼓舞 |

inspire
[ɪn`spaɪr]

inspiring
(adj.) 激發靈感的

inspired
(adj.) 得到靈感的

Reliable customer service can **inspire** brand loyalty in shoppers.
可靠的客戶服務可以激發購買者的品牌忠誠度。

 Collocations

be inspired by ~ 受～啟發
inspire creative thinking 激發創意思維

★★★

continent

[ˋkɑntənənt]

(n.) 大陸、洲

A common goal among modern adventurers is to travel to each **continent** at least one time.

最近喜歡冒險的人共同的目標是至少到各大洲旅行一次。

 必考！Collocations

continent-wide 全洲的、整個大陸的
continental (adj.) 大陸的

★★★

motivate

[ˋmotə͵vet]

motivation (n.) 動機

(v.) 賦予動機的　　　　　　　　　**encourage**

One argument for increasing teacher pay is that higher earnings **motivate** talented young people to pursue careers in education.

有一個增加教師薪資的主張是，更高的收入可激勵有才華的年輕人投入教育事業。

┌─ **英式 vs. 美式** ─

關於母音和母音之間的 [t] 和 [d] 發音，美式以連音的方式處理，輕輕帶過，發 [d] 的音。因此 motivate 的英式發音讀起來是 [ˋmotə͵vet]，美式發音讀起來較像是 [ˋmodə͵vet]，不太一樣。

★★★

behave

[brˋhev]

behaviour (n.) 行為

(v.) 表現行為、舉止

Parents are often shocked to learn that their children **behave** completely differently at school compared to at home.

父母得知他們的孩子在學校的表現和在家裡完全不同之後，常常感到震驚。

 必考！Collocations

be well behaved 行為端正的、表現良好的

★

invariably

[ɪnˋvɛrɪəblɪ]

invariable (adj.) 不變的

(adv.) 不變地、不例外地　　　　　　**always**

Tortoises **invariably** retract their heads into their shells when faced with a potential threat.

烏龜面臨潛在的威脅時，總是把頭縮進殼裡。

★

sceptical
[ˋskɛptɪkəl]

(adj.) 多疑的、持懷疑態度的

The spread of misleading information on the internet has tricked some people into becoming **sceptical** of everything, from politics to medicine.
網路散播的誤導訊息已讓一些人對於政治到醫學等所有事物感到懷疑。

> ### 英式 vs. 美式
> 在拼音方面，英式慣用 sceptical，美式則慣用 skeptical。

 ★★★

artificial
[ˌɑrtəˋfɪʃəl]

artificially
(adv.) 人工地、人為地

(adj.) 人工的、人造的

Many manufacturing jobs could be put at risk by the development of **artificial** intelligence.
人工智慧的發展可能使許多製造業工作面臨危機。

必考！Collocations

artificial additives 人工添加物

★★★

fascinating
[ˋfæsɪnˌetɪŋ]

fascinate
(v.) 吸引、誘惑

fascinated
(adj.) 被迷住的

(adj.) 極有趣的、吸引人的

The artificial intelligence technologies used to enable robots to do domestic chores are **fascinating**.
人工智慧科技用於使機器人做家事，相當吸引人。

 ★★★

risk
[rɪsk]

risky (adj.)

(n.) 風險、危險因素　　　　　**threat, danger**

Construction of the oil pipeline posed several **risks** to both the town's residents and the environment.
輸油管線建設工程對鎮上的居民和環境都帶來許多風險。

必考！Collocations

high risk 高風險
at risk 處於危險之中的
weather-related risk 氣候相關風險

(n.) 影響、效果　　　　　　**impact, influence**

effect

[ɪ`fɛkt]

effective
(adj.) 有效的

effectively
(adv.) 有效地

ineffective
(adj.) 無效的

The adverse **effects** of technology and social media make some people wish to return to simpler times.
科技和社會媒體的負面影響，使人們希望能夠回到過去更單純的時代。

 必考！Collocations

be in effect（法規等）生效
adverse effects 負面影響
side effects 副作用
an effect on 對～產生作用

大數據分析出題重點

注意！別和拼音相似的動詞 affect（影響）搞混。

★

administer

[əd`mɪnɪstɚ]

administration
(n.) 管理、經營

administrative
(adj.) 管理的；行政的

(v.) 管理、經營

The Environmental Protection Agency **administers** the care and maintenance of national parks.
環保局負責國家公園的養護和設施維護。

(v.) 執行、實施

The Ministry of Health will **administer** new regulations regarding the prescription of painkillers.
衛生部將實施有關止痛藥處方的新規定。

 必考！Collocations

administer punishment 處罰、施加懲罰

(v.) 開藥、給疫苗

A guardian's signature is required to **administer** the vaccine.
注射那種疫苗需要監護人的簽名。

★★★

practice
[ˋpræktɪs]

(n.) 實踐

Although an educational activity for young children seems perfect in theory, it may be impossible in **practice**.

為孩子們設想的教育活動理論上看似完美，但有可能無法付諸實行。

必考！Collocations

agricultural practices 農業經營、農業技術
medical practices 醫療行為、醫院
in practice 在實際生活中、實際上
put into practice 實行、實踐

(n.) 練習、實習

Learning a foreign language requires countless hours of **practice**.

學習一種外語需要無數個小時練習。

大數據分析出題重點

practice 當動詞時，雅思常是「練習、（法律或醫學）工作」的意思。另外，英式英語拼寫為 practise。

★★★

damage
[dæmɪdʒ]

(n.) 損傷、損害　　　　　　　**harm, injury**

Running can cause serious **damage** to knees and ankles for overweight people.

跑步可能對過重的人造成膝蓋和腳踝的嚴重傷害。

必考！Collocations

damage to ~ 對～的傷害、損害
cause damage 造成損害
environmental damage 環境破壞
damages 損害賠償

大數據分析出題重點

damage 也作動詞使用，意指「造成傷害」，因此 be damaged（受損的）和 be faulty（有缺陷的）詞意相近。

★★★	(adj.) 後來的、隨後的 following, successive

subsequent
[ˋsʌbsɪ͵kwənt]

subsequently
(adv.) 隨後地

Sylvia Plath greatly influenced **subsequent** generations of female poets and novelists.
希薇亞・普拉斯對後代女詩人和小說家影響深遠。

 必考! Collocations

in all subsequent years 在接下來的幾年裡
subsequent to ~ 在～之後

★★	(adj.) 預期應該～的 expected

due
[dju]

overdue (adj.)
逾期的（支付、歸還等）

The first guests are **due** to arrive at 10 o'clock in the morning.
第一批客人預計在上午 10 點抵達。

必考! Collocations

in due course 在適當的時候，到時候

(adj.) 到期的 to be paid

Even if the first payment on your new car isn't **due** for six months, remember that interest will still build during that time period.
即使你新車第一筆應付款在 6 個月後才到期，記得在這段期間內利息仍會累積。

必考! Collocations

a due date 到期日

★★★	(adj.) 永久的 long-lasting

permanent
[ˋpɝmənənt]

permanently
(adv.) 永久地

The massive oil spill has caused **permanent** damage to the energy company's reputation.
這次大規模的石油外洩事件，已對這家能源公司的聲譽造成永久的損害。

 必考! Collocations

a permanent job 長期聘僱的工作、正職
a permanent solution 長遠有效的解決辦法
semi-permanent settlements 半長期定居

★

smuggle
[ˋsmʌɡəl]

(v.) 走私

Many exotic animals are **smuggled** into the country and sold illegally as pets.

許多外來動物被走私到這個國家,非法出售作為寵物。

必考!Collocations

be smuggled from ~ 走私自~

 ★

fossilise
[ˋfɑsəlˌaɪz]

fossil (n.) 化石

(v.) 成為化石

Since hair and feathers do not **fossilise**, we cannot be sure of how dinosaurs actually looked.

由於毛髮和羽毛不會成為化石,我們無法確定恐龍實際的真實樣貌。

英式 vs. 美式

英式英語的動詞字尾用 -ise,美式使用 -ize,fossilise 是英式拼音,美式拼音則是 fossilize。

★★★

destroy
[dɪˋstrɔɪ]

(v.) 破壞、摧毀   demolish

The original paintings were completely **destroyed** by the sprinkler system malfunction.

這些原版畫作因灑水系統故障而全毀。

大數據分析出題重點

雅思文意的近義字/反義字,可作為解答的線索。例如 destroy 在文意上的近義字可以是 clear(清除),而反義字則可以是 unscratched(未被抓傷的)。

★★★

cope with

(v.) 應付、處理   deal with, manage, handle

Medical residents must **cope with** long shifts, emotional and mental stress, and the professional pressures of their careers.

住院醫師必須應付長時間輪班工作、情緒上和精神上的壓力,以及他們職業上的專業壓力。

★★	(adj.) 有益的、有利的	positive

beneficial

[ˌbɛnəˈfɪʃəl]

benefit (n.) 利益、好處

Switching to drinking tea instead of coffee is a **beneficial** lifestyle change.

以喝茶代替喝咖啡是個有益的生活方式改變。

★★★	(v.) 持續

last

[læst]

latest (adj.) 最近的

The negative effects of the pesticide **last** for up to 50 years in the soil.

在土壤裡農藥的負面影響最長可持續 50 年。

必考！Collocations

last for ~ 持續~（的時間）
long-lasting 持久的、耐久的

大數據分析出題重點

last 也可作副詞，意指「最後」。
- at last 最後、終於
- last see 最後見到

(adj.) 上次的、過去的	previous

The number of young people who choose to completely avoid social interactions has increased dramatically over the **last** 10 years.

年輕人選擇完全迴避社交互動的案例數量，在過去十年當中急遽地增加。

英式 vs. 美式

[a] 的發音在英國主要讀 [ɑ]，在美國讀 [æ]。
因此 last 的英式發音為 [lɑst]，美式發音為 [læst]。

★	(adj.) 強健的、精力旺盛的	vigour

robust

[rəˈbʌst]

Business experts attributed Australia's **robust** economy to the country's soaring gold and iron exports.

商業專家認為澳洲強勁的經濟來自於該國飆升的黃金和鐵製品的出口。

Quick Review

I 請找出各單字對應的意思並連起來。

1.	pose	①	激發靈感的、鼓舞
2.	sceptical	②	走私
3.	eradicate	③	多疑的、持懷疑態度的
4.	inspire	④	揭露、顯示
5.	robust	⑤	根除
6.	artificial	⑥	提出（問題、危險等）
7.	smuggle	⑦	強健的、精力旺盛的
8.	practice	⑧	實踐、練習、實習
9.	reveal	⑨	人工的、人造的
10.	entice	⑩	引誘、誘惑

II 請找出各單字對應的近義字並連起來。

11.	destroy	⑪	risk
12.	motivate	⑫	harm
13.	threat	⑬	expected
14.	subsequent	⑭	impact
15.	due	⑮	long-lasting
16.	invariably	⑯	always
17.	cope with	⑰	following
18.	permanent	⑱	demolish
19.	damage	⑲	deal with
20.	effect	⑳	encourage

解答

1. ⑥ 2. ③ 3. ④ 4. ① 5. ⑦ 6. ⑨ 7. ② 8. ⑧ 9. ⑤ 10. ⑩
11. ⑱ 12. ⑳ 13. ⑪ 14. ⑰ 15. ⑬ 16. ⑯ 17. ⑲ 18. ⑮ 19. ⑫ 20. ⑭

Vocabulary Expansion

006 仔細聽音檔並閱讀單字，學習完成在框中打 ✓

□ **soar** [sɔr]
（數字、物價）急升

□ **confuse** [kən`fjuz]
使混淆

□ **waggle** [`wægəl]
（上下或左右）搖擺

□ **spoon-feed** [`spunfid]
填鴨式教學、灌輸

□ **adjust** [ə`dʒʌst]
調整

□ **withstand** [wIð`stænd]
禁得起、承受

□ **excel** [Ik`sɛl]
突出、擅長

□ **incinerate** [In`sInə,ret]
燒成灰燼

□ **pursue** [pə`sju]
追求

□ **speculate** [`spɛkjʊ,let]
推測

□ **explode** [Ik`splod]
爆炸

□ **prorate** [pro`ret]
按比例分配

□ **shatter** [`ʃætə]
使粉碎

□ **foreshadow** [fɔr`ʃædo]
是～的預兆

□ **exclude** [Ik`sklud]
排除

□ **demolish** [dI`malIʃ]
拆除

□ **bombard** [bam`bard]
轟炸

□ **deceive** [dI`siv]
欺騙

□ **purify** [`pjʊrə,faI]
淨化

□ **persuade** [pə`swed]
說服（做某事）

✓ **勾選出認識的單字，寫上中文意思。**

- ☐ deliberate
- ☐ odour
- ☐ property
- ☐ predator
- ☐ intertwine
- ☐ determined
- ☐ vulnerable
- ☐ crucial
- ☐ promote
- ☐ escape
- ☐ shelter
- ☐ archaeology
- ☐ indigenous
- ☐ voluntary
- ☐ rainfall

- ☐ retrieval
- ☐ seek
- ☐ certain
- ☐ capture
- ☐ oppose
- ☐ subsidiary
- ☐ abandon
- ☐ evolutionary
- ☐ award
- ☐ habitat
- ☐ allow
- ☐ hindsight
- ☐ sufficient
- ☐ presume
- ☐ apply

★★

deliberate

[dɪˋlɪbərɪt]

deliberately
(adv.) 故意地

(adj.) 故意的、蓄意的   **intentional**

There is no doubt that the new law is a **deliberate** attempt to limit voters' rights.

此新法規無庸置疑有意限制選民權力。

> **大數據分析出題重點**
>
> 在閱讀 TRUE / FALSE / NOT GIVEN 題型中，若出現 deliberate（故意的）的反義詞 accidental（偶然的、意外的），則答案為 FALSE。

★

odour

[ˋodɚ]

odourless (adj.)
沒有氣味的、無臭的

(n.)（難聞的）氣味   **smell**

Homeowners near the paper mill frequently complain about the foul **odours** coming from the factory.

造紙工廠附近的屋主經常抱怨從工廠傳來的臭味。

必考！Collocations

body odours 體臭

★★★

property

[ˋprɑpɚti]

(n.) 擁有的事物、財產、建築物   **real estate**

Fire alarms and CCTV must be installed on every **property** related to cultural heritage.

火災警報器和閉路電視監控系統應安裝於任何文化遺產有關的建築物。

必考！Collocations

intellectual property 智慧財產
damage to property 財產損失

(n.) 屬性、特徵   **attribute, feature**

The rocks are so valuable because of their rare chemical **properties**.

這些岩石因其稀有的化學屬性而非常珍貴。

必考！Collocations

individual properties 個人特色

★★★

predator
[ˈprɛdətə]

predatory
(adj.) 捕食生物的；
掠奪並利用弱者的

(n.) 掠食動物、捕食者

Farmers benefit from natural **predators** such as snakes and owls living on their farms since they control pest populations.

由於農夫們可以控制害蟲的個體數量，於是他們得以從蛇和貓頭鷹等自然捕食者那裡獲得益處。

必考！Collocations

natural predators 自然捕食者

英式 vs. 美式

關於母音和母音之間的 [t] 發音，美式以連音輕柔地發 [d] 的聲音。因此 predator 的英式發音是 [ˈprɛdətə(r)]，美式發音是 [ˈprɛdədə]。

★

intertwine
[ˌɪntəˈtwaɪn]

(v.) 密不可分地相關

The way the art installation **intertwines** traditional painting techniques with digital media is highly innovative.

此裝置藝術密切結合傳統繪畫技巧和數位媒體的方式，極富創新精神。

★★★

determined
[dɪˈtɝmɪnd]

determine (v.) 決定

(adj.) 下定決心的、堅決的

City council members in Toronto are **determined** to make bike lanes safer after last month's fatal accident.

上個月發生死亡事故後，多倫多市議會議員們決定將自行車道打造得更安全。

★★

vulnerable
[ˈvʌlnərəbəl]

(adj.) 脆弱的、易受傷害的　　endangered, at risk

The elderly are particularly **vulnerable** to a variety of financial scams.

老年人特別容易受到各種金融詐騙的傷害。

必考！Collocations

vulnerable to ~ 易受～的傷害、易遭受～損失

★★★

crucial
[`kruʃəl]

(adj.) 重大的、關鍵的　　　important, critical

Proper nutrition education in schools has been **crucial** in managing childhood obesity.
學校適當的營養教育對管理兒童肥胖一直是至關重要的。

 Collocations

crucial changes 關鍵的變化
crucial roles 決定性的作用、關鍵角色
crucial flaws 關鍵缺陷
crucial to do ~ 做某事是重要的

★★★

promote
[prə`mot]

promotion
(n.) 晉升；宣傳

(v.) 促進、宣傳　　　encourage, advertise

Today's young adults, more so than previous generations, are educating themselves by reading books that **promote** careful financial planning.
相較於過去世代，現今的年輕人多藉由閱讀提倡謹慎理財的書籍來教育自己。

 Collocations

promote global awareness 倡導全球意識
promote health 促進健康

(v.) 使晉升

The young engineer's innovative designs led him to be **promoted** early in his career at General Electric.
這位年輕工程師的創新設計，讓他在進入美商奇異 GE 公司初期就獲得升遷。

★★★

escape
[ə`skep]

escapable
(adj.) 可逃脫的
escapement
(n.) 逃亡的出口
escapism (n.) 逃避現實

(v.) 逃逸、擺脫

Teenagers may rebel as a way to **escape** from the pressures of their parents' expectation.
青少年可能會以叛逆的方式逃脫來自父母期待的壓力。

必考！ Collocations

escape from ~ 從～脫離
escape into ~ 逃到～

★★

shelter

[`ʃɛltə]

(n.) 避難所、遮蔽處

There are several **shelters** along the hiking path, and they provide fresh water and restrooms.
沿著登山步道有多處庇蔭休息區提供乾淨的水和廁所。

(v.) 躲避、保護

Octopuses hide under coconut shells so that they are **sheltered** from predators.
章魚躲在椰子殼下面以躲避捕食者。

★

archaeology

[ˌɑkɪ`ɑlədʒi]

archaeologist
(n.) 考古學家

archaeological
(adj.) 考古學的

(n.) 考古學

Students who enjoy both science and history should take courses in **archaeology**.
喜愛科學和歷史的學生應該選修考古學。

★★

indigenous

[ɪn`dɪdʒɪnəs]

(adj.) 土生土長的、當地固有的

Several of the island's **indigenous** plants have beneficial medicinal properties.
那座島上的幾種本土植物含有益的藥效成分。

必考！Collocations

indigenous populations 原住民

★★★

voluntary

[`vɑlənˌtɛri]

(adj.) 自願的、志願的　　　　　unpaid

Retired members of the community often serve as **voluntary** staff at hospitals and clinics.
退休的社區成員通常在醫院和診所裡當志工。

必考！Collocations

voluntary work 志願工作
on a voluntary basis 在自願的基礎上

(n.) 降雨量

rainfall
[`ren͵fɔl]

The Sahara Desert has an annual **rainfall** of less than one inch.
撒哈拉沙漠的年降雨量不到一英吋。

必考！Collocations

rainfall patterns 降雨型態

大數據分析出題重點

注意易混淆的相似字 rainforest（熱帶雨林）。

(n.) 找出、取出

retrieval
[rɪ`trivəl]

retrieve (v.) 找回、取回

Odours can sometimes trigger random memory **retrieval**, so a scent may cause a person to recall a forgotten childhood event.
氣味有時會觸發隨機記憶提取，因此香味可能讓人想起遺忘的童年事件。

必考！Collocations

memory retrieval 記憶提取

大數據分析出題重點

memory retrieval 是心理學的專有名詞，意指從長期記憶裡搜尋資訊的檢索過程。

(v.) 尋求、尋找   **look for, study**

seek
[sik]

North Star Studios is **seeking** an experienced digital animator to work on an upcoming film.
北極星工作室正在尋找一個經驗豐富的數位動畫師，為即將拍攝的電影工作。

必考！Collocations

seek out（費時地）找到～

大數據分析出題重點

動詞三態為 seek-sought-sought。別把 sought 誤認為是 sight（看見）的過去式！sight-sighted-sighted。

| (adj.) 特定的、確定的 | definite |

certain

[`sɝtən]

certainly
(adv.) 當然、一定

uncertain (adj.)
不確定的、不明確的

Staff are only allowed to park their cars in **certain** areas of our parking lot for our customers' convenience.

為了顧客的方便，職員只能將他們的車子停在我們停車場的特定區域。

必考！ Collocations

certain amount of 一定數量的、某種程度的
certain circumstances 某種情況下
certain areas 某些地區

大數據分析出題重點

在表示確定、肯定或不說明細節時可以使用 certain。另外，certain areas 也可改用以下近義詞表示。
• restricted areas 限制區

| (v.) 捕獲、抓住 |

capture

[`kæptʃɚ]

The image **captured** by the satellite's camera could be zoomed in to clearly show the faces of people walking on the street.

衛星攝影機捕捉的影像，可以清楚放大顯示走在街上的路人臉孔。

大數據分析出題重點

capture 可以表達用照片捕捉影像、文字刻劃描述。因此就語意上來說，也可與以下單字做連結。
• record 記錄
• illustrate 描寫
• photograph 拍照

| (v.) 反對 | dissent |

oppose

[ə`poz]

opposite
(adj.) 相反的、對立的
(n.) 相反
(prep.) 在～的對面

Indigenous populations strongly **opposed** the construction of the dam in the heart of the rainforest.

原住民們強烈反對在雨林中心興建水壩。

 Collocations

as opposed to~ 與～相反、而不是～

| ★★ | (adj.) 附屬的 | extra, incidental |

subsidiary
[səb`sɪdɪˌɛri]

To recover the losses from the commercial failure of its new smartphone, Vision-Tech had to sell off several of its **subsidiary** companies.

為了平復新型智慧手機慘敗所造成的商業損失，Vision-Tech 不得不出售幾家子公司。

必考！Collocations

subsidiary information 附屬資訊

大數據分析出題重點

subsidiary 也可作名詞，意指「子公司」。
• a subsidiary of ~ ～的子公司

| ★★ | (v.) 拋棄、遺棄 | leave |

abandon
[ə`bændən]

abandonment (n.) 遺棄

The ancient city was **abandoned** early in the 12ᵗʰ century, most likely due to a nearby volcanic eruption.

這座古城於 12 世紀初期遭到遺棄，很可能是因為附近火山爆發的原因。

| (v.)（完全地）中止、放棄 | give up |

Recently, many farmers have **abandoned** traditional ways of agriculture in favour of more modern methods.

最近許多農民放棄傳統農作方式，而傾向採用較現代的耕作方法。

| ★★ | (adj.) 進化的、演化的 |

evolutionary
[ˌɛvə`luʃəˌnɛrɪ]

evolution (n.) 進化

evolutionarily (adv.) 進化論地

The large ears of mice are an **evolutionary** adaptation that improved their hearing so that they could better evade predators.

老鼠的大耳朵是演化的適應，這提高了它們的聽力，進而讓它們更能夠躲避捕食者。

必考！Collocations

evolutionary history 進化史
evolutionary throwback 進化上的倒退

★★

award

[ə`wɔrd]

(n.) 獎、獎項 — medal, recognition

The doctor received an **award** in recognition of her charity work.

這位醫生因她的慈善工作接受表彰而獲獎。

必考！Collocations

award-winning 獲獎的

(v.) 頒發、給予獎賞 — give

He was then **awarded** the Oscar for best actor in 2013 for his portrayal of Abraham Lincoln.

他因為扮演亞伯拉罕・林肯，於 2013 年獲得奧斯卡最佳男演員獎。

必考！Collocations

be awarded for ~ 因～而獲獎

★★★

habitat

[`hæbɪ,tæt]

habitation
(n.) 居住、住所

(n.) 棲息地

China's giant panda, once found all throughout the country, now only survives in certain regions due to the destruction of its original **habitat**.

曾經現身於全國各地的中國大熊貓，由於其原始棲息地遭到破壞，現今只在某些地區生存。

必考！Collocations

an attractive habitat for ~ 對～而言有吸引力的棲息地
an ideal habitat 理想的棲息地
habitat destruction 棲息地破壞

大數據分析出題重點

以下相似字常出現雅思考題，須正確了解每個字意思。
1. **居住地 (n.)**
   - habitat（動物的）棲息地
   - habitation ① 居住、住所 ②（人的）居住地、家
2. **居住者 (n.)**
   - habitant 居民 (= resident, dweller)
   - inhabitant 居民、棲息動物
3. **居住 (v.)**
   - inhabit（動物、人）棲息、居住

---

allow

[ə`laʊ]

allowance
(n.) 零用金、容許量

(v.) 允許、容許　　　　　**enable, entitle**

Visitors are not **allowed** to swim at the beach when lifeguards are not on duty.

救生員未執勤時，遊客禁止在海邊游泳。

必考！Collocations

allow somebody to do something 允許某人做某事

> **大數據分析出題重點**
>
> 以下是名詞 allowance 的考題搭配詞 (collocations)。
> • travel allowance 旅費
> • baggage allowance 行李重量限度

(v.) 考慮　　　　　**take into consideration**

When purchasing your first home, it is important to hold back some of your savings to **allow** for unforeseen expenses.

在購買你的第一棟房子時，重要的是要考量到意外的開銷而保留一些積蓄。

必考！Collocations

allow for ~ 考慮到～

★

hindsight

[`haɪndsaɪt]

(n.) 後見之明、事後才明白

The museum's director admitted that, in **hindsight**, the exhibition may have been distasteful to the general public.

這間博物館的館長事後才承認展覽可能引起大眾的反感。

必考！Collocations

in hindsight 事情過後、後來才

> **認識語源讓學習更輕鬆！**
>
> hindsight 源自 hind-（後）+ -sight（看見），
> 意指事後才恍然大悟。

★★   (adj.) 足夠的   enough

sufficient

[sə`fɪʃənt]

sufficiently
(adv.) 充分地

insufficient
(adj.) 不充分的

Nowadays, investing in a single retirement plan may not be **sufficient** to guarantee a financially comfortable future.

如今只投資一項退休計畫可能不足以保障未來財務穩定。

 必考！ Collocations

self-sufficient 自給自足的
sufficient for ~ 對～足夠的
sufficient to do ~ 足夠做～、足以做～

★★   (v.) 假定

presume

[prɪ`zjum]

The species of sea turtle had been **presumed** to be extinct until one was discovered by a fisherman in the Indian Ocean.

在一名漁夫於印度洋發現一隻海龜物種之前，該物種一直被推斷為已經滅種。

★★★   (v.) 申請

apply

[ə`plaɪ]

application
(n.) 申請、應用

applicant (n.) 申請者

Researchers should **apply** for federal funding every year in order to continue their studies.

研究人員為了繼續他們的研究，應該每年申請聯邦補助。

(v.) 適用、有關   be subject to

The new regulations only **apply** to genetically-modified food producers.

那項新規定只適用於基因改造的食品廠商。

(v.) 應用；塗、敷   add, cover

The government **applied** new restrictions to adverts for fast food and sugary snacks.

政府對速食和含糖零食的廣告實施新的限制。

 必考！ Collocations

apply for ~ 申請～
apply (A) to (B) 將 A 應用於 B
apply to ~ 適用於～

Quick Review

I 請找出各單字對應的意思並連起來。

1.	evolutionary	①	考古學
2.	indigenous	②	土生土長的、當地固有的
3.	vulnerable	③	允許、容許、考慮
4.	retrieval	④	棲息地
5.	deliberate	⑤	進化的、演化的
6.	allow	⑥	脆弱的
7.	predator	⑦	回收、取出
8.	shelter	⑧	避難所、躲避、保護
9.	habitat	⑨	故意的、蓄意的
10.	archaeology	⑩	掠食動物、捕食者

II 請找出各單字對應的近義字並連起來。

11.	property	⑪	medal
12.	seek	⑫	definite
13.	subsidiary	⑬	important
14.	voluntary	⑭	unpaid
15.	crucial	⑮	smell
16.	odour	⑯	extra
17.	sufficient	⑰	encourage
18.	promote	⑱	enough
19.	award	⑲	attribute
20.	certain	⑳	look for

解答

1. ⑤ 2. ② 3. ⑥ 4. ⑦ 5. ⑨ 6. ③ 7. ⑩ 8. ⑧ 9. ④ 10. ①
11. ⑲ 12. ⑳ 13. ⑯ 14. ⑭ 15. ⑬ 16. ⑮ 17. ⑱ 18. ⑰ 19. ⑪ 20. ⑫

Vocabulary Expansion

🎧 **008** **仔細聽音檔並閱讀單字，學習完成在框中打 ✓**

☐ **scale** [skel]
(n.) 鱗片

☐ **hare** [hɛr]
(n.) 野兔

☐ **feather** [`fɛðə]
(n.) 羽毛

☐ **amphibian** [am`fɪbɪən]
(n.) 兩棲動物

☐ **beak** [bik]
(n.) 鳥喙

☐ **lizard** [`lɪzəd]
(n.) 蜥蜴

☐ **perch** [pɜtʃ]
(v.)（樹上、高處）棲息

☐ **tortoise** [`tɔrtəs]
(n.) 烏龜

☐ **ostrich** [`ɑstrɪtʃ]
(n.) 鴕鳥

☐ **lynx** [lɪŋks]
(n.) 猞猁、山貓

☐ **pigeon** [`pɪdʒən]
(n.) 鴿子

☐ **hibernation** [ˌhaɪbə`neʃən]
(n.) 冬眠

☐ **worm** [wɜm]
(n.) 蠕蟲

☐ **fauna** [`fɔnə]
(n.) 動物群

☐ **fungus** [`fʌŋgəs]
(n.) 菌類、真菌類

☐ **caudate** [`kɔdet]
(adj.) 尾狀的

☐ **hive** [haɪv]
(n.) 蜂巢

☐ **gill** [gɪl]
(n.) 鰓

☐ **termite** [`tɜmaɪt]
(n.) 白蟻

☐ **spawning** [`spɔnɪŋ]
(n.)（魚、蛙）產卵

Memo

IELTS Vocab
學習計畫

✓ **勾選出認識的單字，寫上中文意思。**

- ☐ ascent
- ☐ extensive
- ☐ infant
- ☐ rewarding
- ☐ foster
- ☐ rate
- ☐ hypothesis
- ☐ numerous
- ☐ principle
- ☐ distinct
- ☐ retain
- ☐ compose
- ☐ no longer
- ☐ maintenance
- ☐ blast

- ☐ judge
- ☐ accompany
- ☐ commercial
- ☐ propound
- ☐ evolve
- ☐ status
- ☐ chronological
- ☐ merge
- ☐ available
- ☐ immense
- ☐ adapt
- ☐ descend
- ☐ harsh
- ☐ strict
- ☐ irresistible

| ★★ | (n.) 上坡、上升 | rise |

ascent

[əˋsɛnt]

Social unrest can be linked to the **ascent** of social media.

社會不安可能和社群媒體的崛起有關。

> **大數據分析出題重點**
>
> ascent 也可以用來説明往更高的社會地位或工作職位 (position) 升遷。

| ★★★ | (adj.) 大量的、大規模的 |

extensive

[ɪkˋstɛnsɪv]

extensively (adv.)
廣泛地、大範圍地

It is debatable that adults need more **extensive** time to learn a new language than children.

成人學習一個新語言比孩童需要更多的時間，這個觀點具有爭議性。

| ★★★ | (n.) 嬰兒 |

infant

[ˋɪnfənt]

Air travel is safe for **infants**, but there are some precautions parents should take.

搭乘飛機旅行對嬰兒來説是安全的，但是父母應該採取一些預防措施。

| ★ | (adj.) 有意義的、值得的 | satisfying |

rewarding

[rɪˋwɔrdɪŋ]

reward
(v.) 報償 (n.) 報償

Gardening is **rewarding** in terms of its benefits to stress relief and mental health.

從有利於減輕壓力提升精神健康的觀點來看，園藝是相當值得且有意義的活動。

| ★★★ | (v.) 扶植、促進 |

foster

[ˋfɔstɚ]

Modern workspaces, especially in the tech industry, are designed to **foster** creativity and productivity in the employees.

現代工作空間，尤其在科技業，都是為了促進員工的創造力和生產力而設計。

| ★★★ | (v.) 評價、鑑定等級 | assess |

rate
[ret]

Participants were asked to **rate** each painting on a scale of 1 to 10.
參加者被要求以 1 到 10 的等級為每幅畫評分。

| | (n.) 比率 | speed, level |

The alarming drop in the national birth **rate** has become a major issue.
全國出生率驚人的下降，已成為主要議題。

必考！ Collocations

at a rate ~ 以~的比率
at a rate equivalent to ~ 按照和~同等比率
success rates 成功率
the rate of climate change 氣候變化速度
first-rate 一流的、最上等的

| | (n.) 費用、行情 | price, fee |

On Friday, the digital currency was being sold at 1,000 dollars per unit, but by Sunday it had dropped to a **rate** of 50 dollars.
星期五數位貨幣每單位賣 1,000 美元，但星期六價格就降到每單位 50 美元。

必考！ Collocations

reduced rate tickets 折價的票券
a flat rate 固定費率、定額收費

| ★★ | (n.) 假說 | |

hypothesis
[haɪˋpɑθəsɪs]

A scientific theory starts as a **hypothesis** that is tested over and over again.
科學理論始於假說的反覆測試。

認識語源讓學習更輕鬆！

hypothesis 源自 hypo-（在~下方）+ -thesis（論題、命題），主張之下的「假說」。

★★★	(adj.) 很多的	many

numerous
[`numərəs]

There are **numerous** reasons to quit smoking.
戒菸的原因很多。

★★★	(n.) 原則	

principle
[`prɪnsəpəl]

Parents should teach their child how to behave according to a set of moral **principles**.
父母應教導孩子們如何根據道德原則表現言行。

★★★	(adj.) 明顯不同的	different

distinct
[dɪ`stɪŋkt]

distinction
(n.) 區別；優秀
distinctly (adv.) 明顯地

Anxiety disorder is **distinct** from clinical depression, but they are often confused since their symptoms, such as excessive worry and difficulty sleeping, overlap.
焦慮症和臨床憂鬱症明顯不同，但由於兩者如過度焦慮和睡眠障礙等症狀是重疊的，而往往被混為一談。

必考！Collocations

distinct from ~ 有別於～、和～截然不同

★★★	(v.) 保持	keep

retain
[rɪ`ten]

Our great incentives allow us to **retain** and reward our best employees.
優異的激勵措施使我們能夠留住並嘉獎最優秀的員工。

★★	(v.) 構成　constitute, make up, put together	

compose
[kəm`poz]

The vacation package was **composed** of a four-night stay at the resort, scuba diving lessons, and trips to popular diving locations.
假期套裝行程由度假村住宿四晚、水肺潛水課、熱門潛水地點觀光所組成。

必考！Collocations

be composed of ~ 由～組成
meticulously compose 精心構成

★★★   不再、再也不

no longer

Residents of the flat will **no longer** have to worry about finding an open parking spot with the completion of the new parking tower.

隨著新立體停車場的完工，那棟公寓的居民不必再為了找室外停車位而煩惱。

 必考！ Collocations

no longer able to do ~ 不再能～的
no longer need 不再需要的
no longer available 不再可使用的

★★★   (n.) 維修保養

maintenance
[ˋmentənəns]

The park was gorgeous ten years ago, but nowadays, the community is no longer interested in its **maintenance**.

這座公園十年前很漂亮，但現在這個社區已經對它的維護不感興趣了。

必考！ Collocations

maintenance grants 維修補助金
general health maintenance 全面健康管理

> **大數據分析出題重點**
>
> 動詞 maintain 的意思是「維持」，maintenance 除了指「維持某事物」之外，也指維持過程所發生的費用，如「生活費、贍養費」等含意。這兩種意義都常出現在雅思考題，解讀題意時要特別留意。

★★   (v.) 爆炸、嚴厲批評   **criticise**

blast
[blæst]

Long-time fans of the rock band **blasted** the new album for its mainstream appeal.

長期粉絲因那個搖滾樂團的新專輯趨於主流而嚴厲批評。

> **大數據分析出題重點**
>
> blast 也做名詞使用，意指「抨擊、爆炸」。
> • a sudden blast 突然爆炸

★★★

judge
[dʒʌdʒ]

judgment (n.) 判斷
misjudge
(v.) 錯誤判斷、誤判

(v.) 判斷

Most people **judge** the value of artwork according to its immediate beauty.

大部分的人根據藝術品外表第一眼展現出的美感,直接判斷它的價值。

必考! Collocations

judge the success of ~ 判斷～的成功
judge from ~ 根據～做出判斷

(n.) 評審員、裁判

A panel of **judges** will select the winner of the poetry contest based on its originality.

評審團將根據作品的獨創性,選出詩作大賽的優勝者。

★★★

accompany
[ə`kʌmpənɪ]

unaccompanied
(adj.) 無人陪伴的、
不伴隨～的

(v.)(某事或現象)一起發生、伴隨　　occur with

The chef's signature dishes are often **accompanied** by a fresh salad.

這位主廚的招牌料理經常搭配新鮮沙拉。

(v.)(身為陪伴者)陪同　　go with

Children under the age of 12 must be **accompanied** by an adult while enjoying the rides at Thorpe Park.

未滿 12 歲孩童在索普樂園盡情搭乘遊樂設施時,需有一位大人陪同。

★★★

commercial
[kə`mɜʃəl]

(adj.) 商業的　　lucrative

The new regulations have made the land around Oakham available for **commercial** real estate.

新規定使奧克罕周圍土地可以作為商業房地產。

必考! Collocations

commercial use 商用
commercially (adv.) 商業上
commercialise (v.) 使～商業化
commercialisation (n.) 商業化

| | (v.) 提出、提議 |

propound
[prə`paʊnd]

Isaac Newton **propounded** religious views that conflicted with orthodox Christianity.
艾薩克·牛頓提出的宗教觀點和正統基督教觀點衝突。

| ★★★ | (v.) 進化、逐步發展 | change |

evolve
[ɪ`vɑlv]

Through the need to store body heat, the dinosaurs'scales would then have **evolved** into feathers.
由於需要維持體溫，恐龍的鱗片到後來進化成羽毛。

必考！ Collocations

evolve from ~ 從～進化、從～演變
evolve into ~ 進化成～
evolve to do ~ 為了～而進化

認識語源讓學習更輕鬆！
evolve 結合自 e-（往外）+ -volve（轉、滾），衍生為「進化」的意思。

| ★★ | (n.) 地位、狀態 | social position |

status
[`stetəs]

The professor's well-received paper ensured his **status** as one of the leading scientists in the field of stem cell research.
這位教授廣受好評的論文鞏固了他在幹細胞研究領域的地位，並成為數一數二的頂尖科學家。

必考！ Collocations

social status 社會地位

| ★ | (adj.) 按年代順序的 |

chronological
[ˌkrɑnə`lɑdʒɪkəl]

The documentary shows the **chronological** development of oil empires in the Middle East.
這部紀錄片依序介紹中東石油帝國在各個年代的發展。

必考！ Collocations

in chronological order 依照年代順序

Day 05

merge
[`mɝdʒ]

(v.) 合併、融合   **combine, consolidate**

While he was writing the novel, real events that happened in the author's life gradually **merged** with the fictional events in the story.

在他寫這部小說時，發生在作者生活中的真實事件逐步融入到故事的虛構事件裡。

★★★

available
[ə`veləbəl]

unavailable
(adj.) 不可用的

(adj.) 可用的   **accessible, existing**

Additional storage space will be made **available** if the drawers provided are insufficient.

如果提供的抽屜不夠，將可使用額外的存放空間。

必考！ Collocations

available for ~ 有時間做～、可用於
available to ~ 可被～利用的

> **大數據分析出題重點**
>
> 反義字 unavailable 可與以下雅思考題連結。
> - rare 稀有的
> - restriction 限制

★

immense
[ɪ`mɛns]

immensely
(adv.) 極大地

(adj.) 極廣大的、龐大的

The large shopping center will also act as an **immense** solar panel.

這座大型購物中心也將作為一個巨大太陽能板。

---

adapt
[ə`dæpt]

adaptation
(n.) 改編；適應

(v.) 調整、適應 adjust

The plots and scripts of some major films are **adapted** to regional tastes so that they can be more successful in international markets.

一些主要電影的情結和劇本被改編符合地區的喜好，以便能夠在國際市場上取得更大的成功。

★★

(v.) 下降 **decline**

descend
[dɪˋsɛnd]

The monkey **descended** to the forest floor to retrieve the fallen fruit.
那猴子為了撿掉落的水果而下來到森林的地面上。

★★

(adj.) 苛刻的、嚴厲的 **extreme, struggled**

harsh
[harʃ]
harshly (adv.) 嚴厲地

Fascinating and bizarre organisms have adapted to the **harsh** conditions of the deep ocean floor.
迷人又奇異的生物體已經適應深海底部嚴苛的環境。

必考！Collocations

harsh conditions 苛刻的條件、惡劣的環境
harsh weather 壞天氣、惡劣的氣候

★★

(adj.) 嚴格的

strict
[strɪkt]
strictly (adv.) 嚴格地

The mayor imposed a **strict** curfew in response to the protests.
市長對示威抗議採取嚴格的宵禁措施。

必考！Collocations

strict rules 嚴格的規則

★★

(adj.) 不可抗拒的

irresistible
[ˌɪrɪˋzɪstəbəl]

After the company offered additional holiday leave, the job offer became **irresistible**.
在公司提供額外的休假日之後，它提供的工作機會變得讓人無法抗拒。

Ⅰ 請找出各單字對應的意思並連起來。

1.	evolve	①	評價、鑑定等級、比率、費用
2.	rewarding	②	苛刻的、嚴厲的
3.	harsh	③	不再～、再也不
4.	rate	④	進化、逐步發展
5.	infant	⑤	提出、提議
6.	propound	⑥	按年代順序的
7.	principle	⑦	原則
8.	no longer	⑧	嬰兒
9.	judge	⑨	有意義的、值得的
10.	chronological	⑩	判斷、評審員、裁判

Ⅱ 請找出各單字對應的近義字並連起來。

11.	numerous	⑪	keep
12.	blast	⑫	criticise
13.	retain	⑬	go with
14.	accompany	⑭	many
15.	available	⑮	different
16.	status	⑯	rise
17.	merge	⑰	accessible
18.	ascent	⑱	constitute
19.	compose	⑲	social position
20.	distinct	⑳	combine

解答

1. ④ 2. ⑨ 3. ② 4. ① 5. ⑧ 6. ⑤ 7. ⑦ 8. ③ 9. ⑩ 10. ⑥
11. ⑭ 12. ⑫ 13. ⑪ 14. ⑬ 15. ⑰ 16. ⑲ 17. ⑳ 18. ⑯ 19. ⑱ 20. ⑮

🎧 **010** **仔細聽音檔並閱讀單字，學習完成在框中打 ✓**

☐ **geochemical** [ˌdʒiə`kɛmɪkəl]
(adj.) 地球化學的

☐ **hydraulic** [haɪ`drɔlɪk]
(adj.) 液壓的

☐ **oxygen** [`ɑksɪdʒən]
(n.) 氧氣

☐ **combustible** [kəm`bʌstəbəl]
(adj.) 可燃的

☐ **ultrasonic** [ˌʌltrə`sɑnɪk]
(adj.) 超音波的

☐ **ignite** [ɪg`naɪt]
(v.) 點燃

☐ **evaporation** [ɪˌvæpə`reʃən]
(n.) 蒸發

☐ **treatise** [`tritɪs]
(n.) 專題論文

☐ **neutron** [`njutrɑn]
(n.) 中子

☐ **dissertation** [ˌdɪsə`teʃən]
(n.)（尤指學位）論文

☐ **gasification** [ˌgæsəfə`keʃən]
(n.) 氣化

☐ **thesis** [`θisɪs]
(n.) 學位論文、論點

☐ **carbon dioxide**
(n.) 二氧化碳

☐ **methodology** [ˌmɛθəd`ɑlədʒɪ]
(n.) 方法論

☐ **nuclear** [`njukliə]
(adj.) 核能的、核的

☐ **theoretical** [ˌθɪə`rɛtɪkəl]
(adj.) 理論上的

☐ **microscope** [`maɪkrəˌskop]
(n.) 顯微鏡

☐ **findings** [`faɪndɪŋ]
(n.) 結論

☐ **radioactivity** [ˌredɪoæk`tɪvɪti]
(n.) 放射能

☐ **terminology** [ˌtəmə`nɑlədʒi]
(n.) 專業術語

Memo

IELTS Vocab
學習計畫

✓ **勾選出認識的單字，寫上中文意思。**

☐ emerge

☐ benefit

☐ perplexing

☐ herd

☐ civil

☐ drain

☐ halt

☐ obtain

☐ breeding

☐ apart from

☐ secure

☐ alert

☐ involve

☐ affect

☐ disabled

☐ profound

☐ hollow

☐ marginalise

☐ obvious

☐ irrigation

☐ steadily

☐ melt

☐ cultivation

☐ mimic

☐ edible

☐ feed

☐ means

☐ exaggerate

☐ intrusion

☐ distribution

★★★	**(v.) 出現、顯現** **appear, come out**

emerge

[ɪˋmɝdʒ]

emergence
(n.) 出現、發生
emerging (adj.) 新興的

The tourists watched from the ship as a pod of humpback whales **emerged** from the ocean depths.

遊客們從船上看到一群座頭鯨從海洋深處顯露身影。

 大數據分析出題重點

emerge 的名詞是 emergence。注意不要和拼音相似的 emergency（突發事件、緊急情況）搞混。

★★★	**(n.) 利益、津貼** **advantage, welfare**

benefit

[ˋbɛnəfɪt]

beneficial (adj.) 有利的

The discovery of penicillin in 1928 brought about numerous health **benefits** for people suffering from bacterial diseases and infections.

1928 年盤尼西林（青黴素）的發現為飽受細菌性疾病和感染痛苦的人們帶來許多健康上的益處

必考！Collocations

for the benefit of ~ 為了~的利益

(v.) 對~有幫助

Experimenting with different musical genres rather than sticking to just one can **benefit** the creative process of aspiring musicians.

比起只堅持一種音樂，嘗試不同音樂類型，對日後想成為音樂家的人創作過程有幫助。

必考！Collocations

benefit from ~ 從~受益

★	**(adj.) 令人困惑的、難解的**

perplexing

[pɚˋplɛksɪŋ]

perplex (v.) 使困惑

Since the themes contained in modern art can be **perplexing** and obscure, gallery visitors should simply focus on their personal reaction to a piece.

由於現代藝術中包含的主題可能是令人困惑又模糊不清的，美術館參訪者應單純把重點放在他們個人對一件作品的反應上。

| ★ | (n.) 牧群、一群、人群 | flock, swarm |

herd
[hɜd]

herder (n.) 牧羊人

Using GPS* and satellite imagery, scientists were able to track the **herd** of reindeer across northern Canada.

利用 GPS* 和衛星影像，科學家可以追蹤遍及整個加拿大北部的鹿群。

* GPS (global positioning system)：全球定位系統

必考！ Collocations

a herd of ~ 一群～
zebra herds 斑馬群

大數據分析出題重點

herd 也可作為動詞，意指「成群移動、使集中在一起」。
• herd animals 使動物聚集成群

| ★★ | (adj.) 市民的、文明的 | municipal |

civil
[ˋsɪvəl]

Political philosophers in the 17th century offered contrasting views on the conditions that led to **civil** society.

17 世紀的政治思想家們針對形成文明社會的條件提出相反的觀點。

必考！ Collocations

civil war 內戰

| ★ | (v.) 排出液體、排水 |

drain
[dren]

drainage
(n.) 排水、排水系統

Draining the lake would provide water for residents in the drought-affected region.

湖水排水作業，將為受乾旱影響的地區居民供應水源。

| | (v.) 消耗 |

Marathon runners are **drained** of energy during a race and should have nutritious foods in order to recover.

馬拉松選手在比賽過程中將耗盡力氣，應攝取營養食物以恢復體力。

| ★★ | (v.) 暫停、中斷 | stop, quit |

halt
[hɔlt]

The product development team was ready to **halt** the project if the market survey's result was negative about the new flavours.

如果新口味產品的市場調查結果是負面的，產品開發團隊準備終止這項計畫。

| (n.) 中斷 |

Hiding financial debt from a business partner can bring even the most promising relationships to a **halt**.

對事業夥伴隱瞞財務債務，即使是最有前途的合作關係也可能因此中斷。

大數據分析出題重點

作為名詞時，以一般單數型 a halt 表示。

| ★★★ | (v.) 獲得、得到 | find, gain |

obtain
[əb`ten]

It was necessary to **obtain** more samples from the glacial ice for further study.

為了進一步研究，必須從冰川取得更多樣本。

| ★★★ | (n.) 飼養、繁殖 | reproduction |

breeding
[`bridɪŋ]

breed (v.) 飼養、培育

The remaining male rhinos were put into a specialised **breeding** programme that would, biologists hoped, save the species.

將剩下的公犀牛納入專門繁殖計畫，生物學家希望這麼做能拯救這個物種。

必考！Collocations

breeding reserves 繁殖地
a breeding season 繁殖期、產卵期

| ★★ | (prep.) 除了～之外、不只 except for, aside from |

apart from

The building was undamaged **apart from** a few shattered windows.

除了幾面破碎的窗戶之外，這棟建築物沒有受損。

★★★

secure
[sɪˋkjʊr]

(v.) 獲得

The director was able to **secure** funding to keep the homeless shelter open this winter.

這位負責人能夠取得一筆資金，讓街友收容所可以在這個冬天繼續開放。

必考！Collocations

secure funding 取得資金
secure one's future 保障某人的未來

(adj.) 安心的

During training, new flight attendants learn how to make passengers feel safe and **secure** on board.

在教育訓練期間，新任空服員學習如何使乘客在飛機上感到安全無慮。

必考！Collocations

feel secure 感到安心
a secure website 安全網站
security (n.) 安全性
insecure (adj.) 不安全的

★★★

alert
[əˋlɜt]

(v.) 通知、告知　　　　warn, notify, caution

Speakers are installed in all hotel rooms to **alert** guests in case of an emergency such as a fire.

為了在發生像火災等緊急狀況時可以通知房客，所有飯店房間都安裝了喇叭。

(n.) 通知

Text alerts are sent to customers to **notify** them of special offers and events.

發送訊息通知給客戶，以告知他們特價優惠和活動。

大數據分析出題重點

alert 也可作形容詞，意指「靈敏的、警覺的」。
• stay alert 保持警覺，和 attentive（注意的）是近義字。

★★★	(v.) 包含	entail

involve
[ɪnˋvɑlv]

involvement
(n.) 介入、涉及

International trade agreements **involve** compromises from all participating nations.
國際貿易協定包含所有參與國提出的妥協方案。

必考！ Collocations

get involved in ~ 涉及、介入~

(v.) 使參與、投入

Youths who are **involved** with community programmes develop a sense of their own strengths and weaknesses.
參與社區活動的青少年會發展出認識自己優缺點的能力。

(v.) 使熱衷

Dog show competitors are so **involved** in the sport that they may even spend their total income on their dog.
犬展參賽者非常熱衷於這項運動，他們甚至會把所有收入花在他們的愛犬上。

★★★	(v.) 產生影響

affect
[əˋfɛkt]

Introducing the Asian carp to American waterways **affected** the ecosystems of several lakes and rivers.
引進亞洲鯉魚到美國水域對許多湖泊和河流的生態系產生影響。

必考！ Collocations

be affected by~ 受~的影響

大數據分析出題重點

在罹患疾病或遭受災害時，經常用 affect 表示「受到災害的影響」。
- be affected by the flooding 遭受洪災影響
- be affected by the cold 感染了感冒

★★

(adj.) 身障的

disabled
[dɪs`ebəld]

disability
(n.) 失能、身障

By law, all movie theaters, sports stadiums, and concert halls are required to have special seating areas for the **disabled**.

根據法律規定，所有電影院、體育館和音樂廳都必須為身障人士設立特別座位區。

大數據分析出題重點

形容詞前加上 the 便成為集合名詞，在英語相當常見。以下是雅思常出現的「the + 形容詞」詞彙。
- the disabled 身障人士
- the elderly 老年人

 ★

(adj.) 深遠的   **significant**

profound
[prə`faʊnd]

The civil war had a **profound** effect on the economies of the neighbouring countries.
內戰對周邊國家的經濟產生深遠的影響。

必考！Collocations

a profound effect 深遠的影響

大數據分析出題重點

要留意拼音相似的易混淆字 propound。動詞 propound 的意思是「提出」。

 ★★

(adj.) 空心的   **empty**

hollow
[`hɑlo]

Early civilisations used **hollow** coconut shells as a means of serving and storing food.
古代文明使用空心的椰子殼作為提供和保存食物的方法。

大數據分析出題重點

hollow 也可作為動詞，意思是「挖空、形成凹陷」，是雅思常出題的字彙。
- hollow out 把～挖空
- hollow A until ~ 使 A 成空的直到～為止

★

marginalise

[ˋmɑrdʒɪnəlaɪz]

(v.) 使處於社會邊緣

A recent report claims that the social pressure to dress fashionably **marginalises** children from low-income families.

最近的研究顯示，穿著時尚的社會壓力使低收入家庭的孩子受到邊緣化。

★★

obvious

[ˋɑbvɪəs]

obviously
(adv.) 顯而易見地

(adj.) 明顯的   **evident**

One of the **obvious** benefits of a plant-based diet is a reduction in body fat.

植物性飲食的明顯好處之一，是可以降低體脂肪。

 必考！ Collocations

obvious advantages 顯著的優勢
obvious benefits 明顯的好處

> **英式 vs. 美式**
> [o] 的發音，英式主要發 [ɔ]，美式主要發 [ɑ]。
> 因此 obvious 的英式發音為 [ˋɔbviəs]，美式發音為 [ˋɑbviəs]。

★★

irrigation

[ˌɪrəˋgeʃən]

(n.) 灌溉

Several engineers volunteered to travel to the developing country to help improve the **irrigation** systems of its farmlands.

多位工程師自願前往開發中國家幫助改善農田灌溉系統。

 必考！ Collocations

irrigation canals 灌溉渠道、農用水路

> **大數據分析出題重點**
> 「灌溉」是農業用語，意指在耕作時將必需用水引入農田。農業技術是雅思常見主題，掌握基本用語和字義有助於閱讀理解。

★★ | (adv.) 穩定地

steadily
[`stɛdəli]

Interest in home gardening has been increasing **steadily** over the past decade.

人們對家庭園藝的興趣在過去十年中穩定增加。

★★★ | (v.) 融化、熔化

melt
[mɛlt]

During an eruption, solid rock **melts** into liquid magma and flows outward from the volcano.

在火山爆發過程中，堅硬的岩石融化成液態的岩漿，並從火山往外溢流出來。

> **必考！Collocations**
>
> melt down 融化

★★ | (n.) 耕種　　　　　　　　　　　　**farming, growing**

cultivation
[ˌkʌltə`veʃən]

By draining the wetland, land available for **cultivation** in the region increased by 25%.

排掉溼地裡的水使該地區可耕種的土地增加了 25%。

> **大數據分析出題重點**
>
> cultivation 意指耕作的行為或狀態，因此可視以下字彙為近義字。
> • agriculture 農業

★★ | (v.) 模仿、學～的樣子　　　　　　**imitate, copy**

mimic
[`mɪmɪk]

The research team's next goal is to create an artificial intelligence that can **mimic** human emotions.

這個研究團隊接下來的目標，是發展出能夠模仿人類情感的人工智慧。

> **大數據分析出題重點**
>
> 形容詞 mimetic（模擬的），主要用於正式文體。

★★	(adj.) 可食用的、食用的
edible [ˈɛdəbəl] inedible (adj.) 不可食用的	Take care when picking mushrooms in the forest, as only a few varieties are **edible**. 由於只有少數種類可以食用,在森林裡採菇要格外注意。

★★★	(v.) 餵養、提供食物
feed [fid] feeding (n.) 餵食 overfeed (v.) 過度餵食	The current food production level will not be enough to **feed** Earth's expected future population size. 目前的糧食生產量不足以供應未來預期的全球人口規模。 **必考!Collocations** feed on ~ 吃~、以~為食

★★★	(n.) 手段、方法 way, method, form
means [minz]	For developing countries, participation in the Olympic Games became a **means** of earning recognition on the international stage. 對發展中國家而言,參加奧運比賽成為在國際舞台上獲得認同的方法。 **必考!Collocations** as a means of ~ 作為一種~手段 by means of ~ 使用~、藉由~ by no means 絕對不 by any means 無論如何 alternative means 替代方案

★★	(v.) 誇大 overstate
exaggerate [ɪgˈzædʒəˌret]	To this day, many people argue that concerns about climate change are **exaggerated** by certain media sources and political parties. 至今許多人認為,氣候變遷是某些媒體和政黨誇大炒作。

★

intrusion

[ɪn`truʒən]

intrusive (adj.) 打擾的

(n.) 入侵、打擾

The social media site has faced harsh criticism for **intrusions** into its users' privacy.

這個社交媒體網站因為侵犯用戶的個人隱私而面對嚴厲的批評。

必考！Collocations

unexpected intrusions 意想不到的入侵

★★★

distribution

[ˌdɪstrə`bjuʃən]

distribute
(v.) 分配、配送

(n.) 分配、配送　　　　　　　　　　spread

The Accounting Department manages the **distribution** of pay to our freelance writers.

會計部門負責管理我們自由作家們的費用支付。

必考！Collocations

distribution to ~ 分配給～
distribution center 配送中心、物流中心

I 請找出各單字對應的意思並連起來。

1.	perplexing	①	使處於社會邊緣
2.	secure	②	入侵、打擾
3.	intrusion	③	排出液體、排水、消耗
4.	edible	④	灌溉
5.	drain	⑤	穩定地
6.	halt	⑥	令人困惑的、難解的
7.	feed	⑦	可食用的、食用的
8.	irrigation	⑧	暫停、中斷
9.	steadily	⑨	餵養、提供食物
10.	marginalise	⑩	獲得、安心的

II 請找出各單字對應的近義字並連起來。

11.	emerge	⑪	municipal
12.	civil	⑫	overstate
13.	involve	⑬	farming
14.	obvious	⑭	appear
15.	distribution	⑮	warn
16.	mimic	⑯	except for
17.	cultivation	⑰	imitate
18.	alert	⑱	evident
19.	exaggerate	⑲	spread
20.	apart from	⑳	entail

解答

1. ⑥ 2. ⑩ 3. ② 4. ⑦ 5. ③ 6. ⑧ 7. ⑨ 8. ④ 9. ⑤ 10. ①
11. ⑭ 12. ⑪ 13. ⑳ 14. ⑱ 15. ⑲ 16. ⑰ 17. ⑬ 18. ⑮ 19. ⑫ 20. ⑯

🎧 **012** 仔細聽音檔並閱讀單字，學習完成在框中打 ✓

☐ **biology** [baɪˋɑlədʒɪ]
(n.) 生物學

☐ **mathematics** [ˌmæθəˋmætɪks]
(n.) 數學

☐ **thermodynamics**
[ˌθɝmodaɪˋnæmɪks]
(n.) 熱力學

☐ **genetics** [dʒəˋnɛtɪks]
(n.) 遺傳學

☐ **astrology** [əˋstrɑlədʒɪ]
(n.) 占星術、占星學

☐ **geography** [dʒɪˋɑgrəfɪ]
(n.) 地理學

☐ **neurology** [njuˋrɑlədʒɪ]
(n.) 神經學

☐ **linguistics** [lɪŋˋgwɪstɪks]
(n.) 語言學

☐ **biomechanics** [ˌbaɪoməˋkænɪks]
(n.) 生物力學

☐ **cybernetics** [ˌsaɪbɚˋnɛtɪks]
(n.) 人工頭腦學、電腦學

☐ **physics** [ˋfɪzɪks]
(n.) 物理學

☐ **anthropology** [ˌænθrəˋpɑlədʒɪ]
(n.) 人類學

☐ **chemistry** [ˋkɛmɪstrɪ]
(n.) 化學

☐ **astronomy** [əsˋtrɑnəmɪ]
(n.) 天文學

☐ **meteorology** [ˌmitɪəˋrɑlədʒɪ]
(n.) 氣象學

☐ **epidemiology**
[ˌɛpɪˌdimɪˋɑlədʒɪ]
(n.) 流行病學、疫學

☐ **sociology** [ˌsosɪˋɑlədʒɪ]
(n.) 社會學

☐ **palaeontology** [ˌpælɪɑnˋtɑlədʒɪ]
(n.) 古生物學

☐ **entomology** [ˌɛntəˋmɑlədʒɪ]
(n.) 昆蟲學

☐ **ornithology** [ˌɔrnɪˋθɑlədʒɪ]
(n.) 鳥類學

Memo

✓ **勾選出認識的單字，寫上中文意思。**

- ☐ rarely
- ☐ aid
- ☐ initial
- ☐ sustain
- ☐ precise
- ☐ flexible
- ☐ isolated
- ☐ arrangement
- ☐ penetrate
- ☐ inherently
- ☐ estrangement
- ☐ seriously
- ☐ official
- ☐ severe
- ☐ accept

- ☐ underestimate
- ☐ capacity
- ☐ acclaim
- ☐ populated
- ☐ erosion
- ☐ eruption
- ☐ dependent
- ☐ virtually
- ☐ vertical
- ☐ deficit
- ☐ remains
- ☐ eager
- ☐ charge
- ☐ entire
- ☐ irritation

★★★　　　　　　(adv.) 很少、不常見　　　　　　　　**seldom**

rarely

[ˋrɛrlɪ]

rare (adj.) 少見的

Only **rarely** is an exotic pet allowed in an airplane cabin, even if it is designated as an emotional support animal.

即使是被指定為「情緒支持動物」，非貓犬的奇異寵物很少被允許登上機艙。

━━　大數據分析出題重點　━━

「only + 副詞」若放在句首，後面的主詞和動詞應倒裝。only rarely 是倒裝句的常見題型，解題時動詞後面的名詞是主詞，而非受詞。

★★★　　　　　　(v.) 幫助　　　　　　　**help, support, back**

aid

[ed]

Charts and graphs will **aid** audience understanding by visualising your data.

圖表讓你的數據視覺化，將可幫助觀眾理解。

(n.) 援助、輔助器材

Tablet computers have become an invaluable study **aid** for all ages of students.

平板電腦已成為所有年齡層的學生們重要的學習輔助工具。

必考！ Collocations

first aid 急救
visual aids 視覺輔助器
medical aids 醫療輔助器、醫療支援

★★★　　　　　　(adj.) 開始的、最初的　　　　　　　**first**

initial

[ɪˋnɪʃəl]

initially (adv.) 起初地

The **initial** step in establishing a personal relationship is to have communication.

建立人際關係的第一步是進行溝通。

必考！ Collocations

an initial period 初期
an initial outlay（創業）初期經費

★★★	(v.) 使持續；經歷、遭受

sustain

[sə`sten]

sustainable
(adj.) 可持續的

sustainability
(n.) 持續性

It's rare to **sustain** a friendship from primary school through to adulthood.

從國小時期維持到成年的友誼相當罕見。

 必考！ Collocations

self-sustaining 自給自足的
sustain life 維持生命、延續壽命

大數據分析出題重點

形容詞 sustainable 意指「永續環境的」。sustainable 和 environmentally friendly 皆為雅思常見近義字。

★★★	(adj.) 精確的　　　　　　exact, key, accurate

precise

[prɪ`saɪs]

precisely (adv.) 精確地

In order to keep tracking the location of the endangered animals, **precise** GPS data provided from satellites is necessary.

為了持續追蹤瀕臨絕種動物的位置，需要人工衛星提供精確的全球定位系統數據。

★★★	(adj.)（依據狀況）可變通的、有彈性的

flexible

[`flɛksəbəl]

flexibility (n.) 彈性

Flexible working hours draw much interest from individuals seeking work-life balance.

彈性工時引起追求工作與生活平衡者的極大關注。

 必考！ Collocations

flexible with/about ~ 針對～有彈性自由

★★	(adj.) 孤立的、偏遠的　　　　　　remote, lonely

isolated

[`aɪsəˌletɪd]

An airdrop system was designed to deliver supplies to **isolated** regions.

空投系統是為了運送物資到偏遠地區而設計的。

 必考！ Collocations

isolated areas 偏遠地區
emotionally isolated 情感上孤立

★★★

(n.) 準備、安排 **planning**

arrangement
[ə`rendʒmənt]

Entire itineraries should be reviewed before confirming travel **arrangements**.
在確定旅行準備事項之前，應重新檢查整個行程。

必考！Collocations

meeting arrangements 會議安排

大數據分析出題重點

arrangement 是指為某事做安排，如 travel arrangements 包含旅遊的行程、住宿和交通等安排。
另外，arrangement 也有「協議、協定」的意思，曾經在考題中出現過。

- reciprocal arrangements with 與～的互惠協定
- by arrangement 根據協議、妥協之下

 ★★

(v.) 穿過、貫穿

penetrate
[`pɛnə,tret]

A sharp spade was required to **penetrate** the tough topsoil.
要穿透堅硬的表土層，需要鋒利的鏟子。

(v.) 洞察、理解

Only advanced readers will be able to **penetrate** the author's dense writing style.
只有進階讀者才能理解作者錯綜複雜的寫作風格。

★

(adv.) 先天地、本質上地

inherently
[ɪn`hɪrəntlɪ]

inherent
(adj.) 固有的、天性的

The theory proposes that the human brain **inherently** has the tools for learning a language.
這個理論認為人的大腦先天具有學習語言的工具。

認識語源讓學習更輕鬆！

inherent 是由 in（在～裡面）+ adhere（附著）結合而成，「附著在裡面」衍生為「固有的、天生的」意思。

---

estrangement

[əˋstrendʒmənt]

estrange
(v.) 使疏遠、使遠離

(n.)（關係的）疏遠

The brothers' conflict over the money caused a long period of **estrangement** between them.

兄弟倆金錢上的衝突導致他們之間長期的疏遠。

seriously

[ˋsɪrɪəslɪ]

serious
(adj.) 認真的、嚴肅的

(adv.) 認真地、嚴肅地

The algae growing on the lake's surface could **seriously** affect the amount of oxygen in the water.

湖面上生長的藻類可能嚴重影響水中的含氧量。

official

[əˋfɪʃəl]

officially (adv.) 正式地

(adj.) 官方的

English is one of Singapore's four **official** languages.

英語是新加坡四種官方語言之一。

(n.) 官員

Government **officials** arrived at the site of the earthquake to begin assessing the damage.

政府官員抵達地震現場，開始評估損失。

必考！Collocations

government officials 公務員、政府官員
public officials 公務員

severe

[səˋvɪr]

severely (adv.) 嚴重的

(adj.) 嚴重的、劇烈的 　　　　　　intense

Due to the ongoing drought, the government imposed **severe** limits on water usage for lawn maintenance.

由於持續乾旱，政府對於草坪養護用水實施嚴格限制。

必考！Collocations

severe effects 嚴重的影響
a severe illness 重病
severe consequences 嚴重的後果

★★★	(v.) 接受	agree

accept

[ək`sɛpt]

acceptance (n.) 接受

acceptable
(adj.) 可接受的

unacceptable
(adj.) 無法接受的

Not every major government **accepts** that global warming is caused by human actions.

不是每個主要大國政府都承認全球暖化是由人類行為引起。

必考！Collocations

traditionally accept 傳統上接受
widely accept 廣泛地接受

大數據分析出題重點

widely accept 可以用近義字 normal（通常）替換改寫。

★★	(v.) 低估	overlook

underestimate

[ˌʌndəˈɛstəmet]

Workaholics should not **underestimate** the value of including leisure time in their busy schedules.

工作狂不應低估在他們忙碌的日程表中，包含休閒空暇時間的價值。

必考！Collocations

underestimate the importance of ~ 忽視～的重要性

大數據分析出題重點

underestimate 低估、不重視某事物，也可用以下詞彙替換改寫。
• be reluctant to use 不情願使用

★★★	(n.)（最大）容量	ability, amount

capacity

[kə`pæsətɪ]

capacitate (v.) 使能夠

With the steady growth in global population, scientists worry that we'll soon reach the Earth's full **capacity** for sustaining human life.

隨著全球人口的持續增加，科學家們擔心地球很快到達維持人類生活所需的最大承受限度。

必考！Collocations

reserve capacity 備用容量

acclaim

[əˋklem]

acclaimed
(adj.) 受稱讚的

(v.) 歡呼、稱讚、贊同

The functional and innovative design of the building was widely **acclaimed**, making it the city's most distinctive landmark.

這棟建築的功能和創新設計廣受好評,使它成為這座城市最獨特的地標。

必考! Collocations

be internationally acclaimed 在國際上獲得好評

(n.) 稱讚、喝采

Although the song was unpopular with critics upon its initial release, Queen's "*Bohemian Rhapsody*" eventually received worldwide **acclaim**.

雖然這首歌最初發行時不受評論家的歡迎,但皇后樂團的《波希米亞狂想曲》最終還是獲得全世界的喝采。

populated

[ˋpɑpjə͵letɪd]

population
(n.) 人口、居民
populate (v.) 居住

(adj.) 居住的

Housing prices rose steeply in the heavily **populated** neighbourhoods of London.

人口稠密的倫敦附近地區房價急劇上漲。

必考! Collocations

thinly populated 人口稀少的

erosion

[ɪˋroʒən]

(n.) 侵蝕

Erosion by wind, rain and the Colorado River shaped the Grand Canyon.

在風、雨和科羅拉多河的侵蝕下形成了大峽谷。

必考! Collocations

soil erosion 土壤侵蝕
coastal erosion 沿岸侵蝕
accelerating erosion 加速侵蝕
slowing erosion 減緩侵蝕
minimising erosion 侵蝕最小化
further erosion 再進一步受到侵蝕

★	(n.)（火山）爆發、噴發

eruption

[ɪˋrʌpʃən]

The ancient Roman city of Pompeii was destroyed by the violent **eruption** of Mt. Vesuvius in 79 A.D.
古羅馬龐貝城於西元79年遭猛烈爆發的維蘇威火山摧毀。

必考！Collocations

volcanic eruption 火山爆發
violent eruption 猛烈的噴發

★★★	(adj.) 取決於～的、依賴的	reliant

dependent

[dɪˋpɛndənt]

depend (v.) 仰賴、依靠

The success of the new mobile device is heavily **dependent** on how efficient its batteries are in actual use.
這款新型行動裝置的成功高度仰賴實際使用的電池效率。

★★★	(adv.) 幾乎、事實上

virtually

[ˋvɜtʃʊəlɪ]

virtual
(adj.) 幾乎的；虛擬的

Some major telecommunications companies are hoping to make WiFi internet available **virtually** anywhere throughout the entire United States.
部分主要電信公司希望讓美國全境幾乎所有地方都能使用無線網路。

大數據分析出題重點

以下是形容詞 virtual 的考題搭配詞 (collocations)。
- a virtual monopoly 實質上壟斷
- virtual reality 虛擬現實
- virtual interviews 虛擬面試

★★	(adj.) 垂直的	straight up

vertical

[ˋvɜtɪkəl]

vertically (adv.) 垂直地

The team built horizontal and **vertical** tunnels to excavate buried pottery and weapons.
為了挖掘被埋藏起來的陶器和武器，該團隊修造了水平和垂直的坑道。

必考！Collocations

vertical lines 垂直線
vertical movements 垂直運動

★

deficit

[`dɛfɪsɪt]

The government's serious finance **deficit** was a result of excessive reliance on the US dollar.

政府嚴重的財政赤字是對美元過度依賴所導致的結果。

必考！Collocations

function deficits 功能缺陷
attention deficit disorders (ADD) 注意力缺失症（過動症）

大數據分析出題重點

以下是雅思經常用來表示「缺陷、不足」的單字。
- problem 問題
- shortage 短缺
- flaw 缺陷
- fault 缺點、毛病
- malfunction 故障、發生故障

★★

remains

[rɪ`menz]

The fossilised **remains** reveal the shape of prehistoric turtles.

化石遺骸顯示史前時期烏龜的模樣。

必考！Collocations

fossilised remains 化石遺跡

認識語源讓學習更輕鬆！

remain（剩餘物）複數形，衍生為「遺骸、遺跡」。

★

eager

[`igɚ]

eagerness (n.) 渴望

eagerly (adv.) 熱切地

(adj.) 熱切的、渴望的

Attendees at the tech expo were **eager** to try the latest video game consoles.

參加技術博覽會的人渴望試用最新上市的電玩主機。

必考！Collocations

be eager to do ~ 渴望做～
be eager for ~ 熱切期盼～

★★★	(v.) 收費	cost

charge
[tʃɑrdʒ]

To increase monthly bills, many telecommunications companies **charge** their customers for hidden services.

為了增加每月帳單，許多電信公司向它們的客戶收取隱性服務費用。

必考！Collocations

be charged for ~ 被要求收取～費用

(n.) 費用	fee, fare, tariff

The **charge** for a week-long tourist transit pass is $35.
觀光客交通週遊券的費用是 35 美元。

必考！Collocations

at no extra charge 無需額外加價
free of charge 免費
an administrative charge 行政管理費

大數據分析出題重點

charge 也有「負責任」的意思，雅思尤其常考以下的搭配詞 (collocation)。
• in charge of 負責～、掌管～

★★★	(adj.) 全部的	total

entire
[ɪn`taɪr]

entirely (adv.) 整個地

The volcano's eruption spread smoke and ash throughout the **entire** region.
火山爆發把煙霧和灰塵散布到整個地區。

★	(n.) 皮膚刺激；惱怒	anger, annoyance

irritation
[ˌɪrə`teʃən]

irritate (v.) 激怒

Even if the amount is really small, artificial ingredients in laundry detergent could cause skin **irritation**.
即使含量極少，但洗衣劑裡的人工成分仍可能刺激皮膚。

必考！Collocations

cause irritation 令人惱怒、刺激皮膚

I 請找出各單字對應的意思並連起來。

1.	aid	①	幫助、援助、輔助器材
2.	official	②	穿過、貫穿、洞察、理解
3.	eruption	③	先天地、本質上地
4.	virtually	④	使持續、經歷
5.	rarely	⑤	居住的
6.	erosion	⑥	（火山）爆發、噴發
7.	sustain	⑦	很少、不常見
8.	inherently	⑧	幾乎、事實上
9.	populated	⑨	侵蝕
10.	penetrate	⑩	官方的、官員

II 請找出各單字對應的近義字並連起來。

11.	deficit	⑪	exact
12.	isolated	⑫	reliant
13.	remains	⑬	agree
14.	dependent	⑭	first
15.	initial	⑮	remote
16.	arrangement	⑯	planning
17.	accept	⑰	ruins
18.	underestimate	⑱	overlook
19.	precise	⑲	total
20.	entire	⑳	shortage

解答

1. ① 2. ⑩ 3. ⑥ 4. ⑧ 5. ⑦ 6. ⑨ 7. ④ 8. ③ 9. ⑤ 10. ②
11. ⑳ 12. ⑮ 13. ⑰ 14. ⑫ 15. ⑭ 16. ⑯ 17. ⑬ 18. ⑱ 19. ⑪ 20. ⑲

🎧 **014** 仔細聽音檔並閱讀單字，學習完成在框中打 ✓

☐ **ultimate** [ˋʌltəmɪt]
最終的

☐ **materialistic** [mə͵tɪrɪəlˋɪstɪk]
拜金的、物質主義的

☐ **cosmic** [ˋkɑzmɪk]
宇宙的

☐ **pessimistic** [͵pɛsəˋmɪstɪk]
悲觀的

☐ **democratic** [͵dɛməˋkrætɪk]
民主的

☐ **prosperous** [ˋprɑspərəs]
繁榮的

☐ **bare** [bɛr]
赤裸的

☐ **invisible** [ɪnˋvɪzəbəl]
看不見的

☐ **situational** [͵sɪtʃʊˋeʃənəl]
依照情境的

☐ **optimistic** [͵ɑptəˋmɪstɪk]
樂觀的

☐ **municipal** [mjuˋnɪsəpəl]
市府的

☐ **insurmountable**
[͵ɪnsəˋmaʊntəbəl]
無法克服的、無法超越的

☐ **exotic** [ɛgˋzɑtɪk]
異國風情的

☐ **odd** [ɑd]
奇怪的

☐ **neighbouring** [ˋnebərɪŋ]
鄰近的

☐ **cognitive** [ˋkɑgnətɪv]
認知的

☐ **obscure** [əbˋskjʊr]
模糊不清的

☐ **proper** [ˋprɑpə]
適當的

☐ **futuristic** [͵fjutʃəˋɪstɪk]
未來的、超現代的

☐ **orthodox** [ˋɔrθə͵dɑks]
正統的

IELTS Vocab
學習計畫

✓ **勾選出認識的單字，寫上中文意思。**

- [ ] infection
- [ ] underlying
- [ ] identify
- [ ] apparently
- [ ] prospective
- [ ] ancestor
- [ ] scrutiny
- [ ] inhospitable
- [ ] variation
- [ ] own
- [ ] issue
- [ ] implement
- [ ] remote
- [ ] independently
- [ ] stimulate

- [ ] regard
- [ ] enormous
- [ ] manifest
- [ ] earn
- [ ] occasional
- [ ] pioneer
- [ ] entitle
- [ ] arguably
- [ ] interrupt
- [ ] rule
- [ ] flat
- [ ] grant
- [ ] circuit
- [ ] adequate
- [ ] gauge

★★★

infection

[ɪnˋfɛkʃən]

infect (v.) 感染

infectious
(adj.) 傳染性的

(n.) 感染

When there's a shortage of seasonal flu vaccines, priority should go to those most vulnerable to **infection**.

當季節性流感疫苗短缺時，應讓最易感染的人有優先權。

大數據分析出題重點

意義相近的單字是 contagion（傳染、感染）。infection 指所有一般種類的傳染，而 contagion 指透過「接觸」的傳染或感染。

★★★

underlying

[ˌʌndɚˋlaɪɪŋ]

(adj.) 根本的、深層的

The increasing number of the highly educated is one of the **underlying** causes for the rising unemployment rate.

高學歷的人數持續增加是失業率升高的根本原因之一。

必考！Collocations

underlying causes 根本原因
underlying problems 根本問題
underlying theories 基礎理論

★★★

identify

[aɪˋdɛntəˌfaɪ]

identifiable
(adj.) 可識別的

(v.) 確認、識別　　discover, recognise, notice

The team of astronomers was assigned to **identify** the origin of the cosmic radio frequency.

天文學家小組被派去辨識宇宙無線電頻率的來源。

★★

apparently

[əˋpærəntlɪ]

(adv.) 看起來、似乎

Curling, an **apparently** mundane winter sport, has become popular all over the world after its inclusion in the Olympic Games.

冰壺表面上看起來是個平凡的冬季運動，自從被列入奧運會比賽項目之後，在全世界都受到歡迎。

★★　　　　　　　　(adj.) 有希望的、將來的

prospective
[prə`spɛktɪv]

The chancellor will have a public meeting to attract **prospective** students to the university.

校長將舉辦公開說明會，吸引即將就學的學生來這裡就讀。

> **認識語源讓學習更輕鬆！**
>
> prospective 源自 pro-（向前的）+ spect-（看）+ -ive（形容詞字尾），意指「向前看的、將來的」。

 ★★　　　　　　　　(n.) 祖先　　　　　　　　**early tribes**

ancestor
[`ænsɛstə]

ancestral (adj.) 祖先的

Genetic scientists have concluded that dinosaurs such as the Velociraptor are actually the **ancestors** of chickens.

遺傳學家已經做出結論，他們認為像迅猛龍這樣的恐龍事實上是雞的祖先。

Day
08

> **大數據分析出題重點**
>
> 祖先是生活在過去時代的一群人，也可以用 early tribes（早期部落）替換改寫。以下是雅思常用來表示「過去時代」的單字。
> • ancient 古代的
> • prehistoric 史前時代的
> • medieval 中世紀的

 ★　　　　　　　　(n.) 詳細審查　　　　　　　　**examination**

scrutiny
[`skrutnɪ]

After the report was published, the governor's use of campaign funds came under close **scrutiny**.

在那份報告發表後，州長競選資金的運用方式受到嚴密的調查。

必考！Collocations

close scrutiny 嚴密的調查
under scrutiny 受到審查的、接受調查中的

> **大數據分析出題重點**
>
> 在政治相關領域，campaign 的意思主要為「競選活動」。

★

inhospitable
[ɪn`hɑspɪtəbəl]

(adj.) 難以居住的

The island is known not only for its dangerous wildlife, but also for its **inhospitable** weather.

這座島不只以島上危險的野生動物聞名，其不宜居的惡劣氣候也同樣遠近馳名。

必考！ Collocations

inhospitable environment 居住條件惡劣的環境

★★

variation
[ˌvɛrɪ`eʃən]
various (adj.) 各種的

(n.) 變異、變種　　　　　　diversity, range

There are so many **variations** of tulips that even botanists have difficulty recognising all of them.

鬱金香品種非常多，甚至連植物學家都很難認識所有品種。

大數據分析出題重點

雅思常以「變種」的字義出題。

★★★

own
[on]
owner
(n.) 主人、所有者
ownership
(n.) 所有（權）

(adj.) 自己的

New teaching styles grant students more independence in their studies and encourage them to develop their **own** learning strategies.

新的教學方式賦予學生對自己的學業有更多的自主性，並鼓勵他們發展自己的學習策略。

必考！ Collocations

on one's own 獨自地

(v.) 擁有　　　　　　possess

A few wealthy families in the area **owned** most of the land rights.

這個地區裡幾個富有的家庭擁有大部分土地的所有權。

必考！ Collocations

family-owned 家族企業的
privately-owned 私人擁有的

★★★

issue

[ˋɪʃjʊ]

(n.) 問題、議題　　　**matter, problem, concern**

The council members met to discuss **issues** relating to property disputes.

議員們見面討論有關不動產糾紛的議題。

必考！Collocations

environmental issues 環境議題
financial issues 財政議題
health issues 健康議題
address an issue 解決問題

(v.) 發給、發行

As the level of fine dust soared, local authorities **issued** face masks to senior citizens and children.

懸浮微粒指數飆升後，當地政府發放口罩給老人和小孩。

必考！Collocations

be issued with ~ 收到發放的～

(v.) 公布、發表

The committee **issued** a resolution to support mercy killing in the nation.

此委員會發布一項支持國內安樂死的決議案。

★★★

implement

[ˋɪmpləmənt]

implementation
(n.) 實施

(v.) 實施　　　　　　　　　　　**introduce**

New policies were **implemented** in an effort to reduce scheduling errors.

為了努力減少排程管理錯誤而實施新的政策。

必考！Collocations

be implemented effectively 有效地實施
implement a scheme 實行制度

大數據分析出題重點

implement 也做名詞使用，意指「工具、器具」，雅思的題目較多以動詞出現。

★★★	(adj.) 偏遠的、遙遠的

remote
[rɪˋmot]

remotely
(adv.) 遙遠地、遠程地

Every backpacker dreams of discovering a **remote** paradise, untouched by the modern tourism industry.

每個背包客夢想著發現一個遙遠的天堂，一個尚未被現代旅遊業破壞的地方。

★★★	(adv.) 獨立地	separately

independently
[͵ɪndɪˋpɛndəntlɪ]

When it becomes too difficult for the elderly to live **independently**, assisted living centers can provide both security and community.

當年長者變得很難獨立生活時，居家協助中心可以提供安全和社群意識。

> **必考！Collocations**

work independently 獨立自主地工作

★★	(v.) 刺激	encourage, trigger

stimulate
[ˋstɪmjə͵let]

stimulation (n.) 刺激

Learning a new musical instrument strongly **stimulates** brain activity.

學習一種新樂器可強力刺激大腦活動。

> **大數據分析出題重點**
>
> 以下是雅思常用來表示「刺激」的單字。
> - provoke 引發
> - arouse 喚起

★★★	(v.) 認為、評價	consider, view

regard
[rɪˋgɑrd]

Astrology, the practice of making predictions based on the position of planets and stars, is not **regarded** as a real science.

根據行星和恆星的位置進行預測的占星學不被認為是一門真正的科學。

> **必考！Collocations**

be regarded as ~ 被認為是~
be highly regarded 被高度推崇、受尊敬的

★★★	(adj.) 巨大的、龐大的	huge

enormous

[ɪˋnɔrməs]

enormously
(adv.) 極大的

The success of the advertisement had an **enormous** impact on the company's sales.

那個廣告的成功為公司的銷售帶來龐大的影響。

必考！Collocations

enormous benefits 極大的利益
enormous changes 巨大的改變
enormous problems 非常大的問題

認識語源讓學習更輕鬆！

enormous 結合自 e-（向外，脫離）+ norm（標準）+ -ous（形容詞字尾），意指「超乎標準地大的」。

★	(v.) 顯示、表明	show

manifest

[ˋmænəˌfɛst]

Painful childhood memories may **manifest** in disturbing dreams in adulthood.

痛苦的童年記憶可能顯現在成年期令人不安的夢境中。

★★	(v.) 賺到、得到	gain

earn

[ɜn]

College students are taking on part-time jobs to **earn** enough money to afford their rent.

大學生們兼職工作以便賺取足夠的錢負擔房租。

大數據分析出題重點

名詞型 earnings 是雅思常見單字，固定使用複數，意指「薪資、收入」，可用 income（所得）替換改寫。
注意勿把 earnest（認真的、誠摯的）和 earn（賺得）搞混。
• in earnest 正式地、認真地

★★★	(adj.) 偶爾的、不經常的	

occasional

[əˋkeʒənəl]

occasionally
(adv.) 有時候、偶爾

Apart from the **occasional** tremor, the country has not experienced a significant earthquake in more than 100 years.

除了偶爾發生輕微地震之外，這個國家已經 100 多年沒有經歷過大地震了。

★★★	(n.) 先驅者

pioneer
[͵paɪə`nɪr]

Rather than having a single creator, the internet was developed by several **pioneers**.

網路非一個人創造的，而是好幾位先驅者開發而成的。

	(v.) 開拓	develop

Sir Harold Gillies **pioneered** modern plastic surgery while treating soldiers injured in World War I.

哈羅德．吉利斯爵士治療在第一次世界大戰受傷的士兵時，開拓了現代整形手術。

★★★	(v.) 賦予資格、給予權力	allow

entitle
[ɪn`taɪtəl]

entitlement
(n.) 資格、權利

For every ten purchases, customers are **entitled** to receive one free coffee.

每購買十次，顧客有資格享有一杯免費咖啡。

必考！ Collocations

be entitled to do ~ 有資格做～
be entitled to something 有資格得到某物

★	(adv.) 大概、可説是

arguably
[`ɑrgjʊəblɪ]

New York City is **arguably** the best city in the world for stage performance.

就舞台表演而言，紐約大概可以説是最棒的城市。

大數據分析出題重點

arguably 為提出個人主張、論點使用的副詞，因此並非客觀的事實，應理解為主觀的意見。

★★	(v.) 打斷、妨礙	disrupt

interrupt
[͵ɪntə`rʌpt]

interruption (n.) 打斷

A handful of outspoken critics attempted to **interrupt** the gallery exhibit's opening night.

少數直言不諱的評論家企圖打斷畫廊展覽的開幕之夜。

★★★

rule
[rul]

(v.) 統治

Civilisations in the Middle Ages were **ruled** by a king or queen.
中世紀的文明社會由國王或女王統治。

> **必考！ Collocations**

rule out ~ 把~排除在外

(n.) 規則、原則　　　　　　　　　**law, standard**

Contest participants must follow the **rules** put forward by the judges.
參賽者必須遵守評審團提示的規則。

> **必考！ Collocations**

general rules 通則

★★★

flat
[flæt]

flatten (v.) 使平坦

(adj.) 平面的、平坦的

The **flat** terrain and mild climate are ideal for growing corn, soybeans, and other profitable crops.
平坦的地形和溫和的氣候非常適合栽種玉米、大豆和其他經濟作物。

> **必考！ Collocations**

flat landscape 平坦的地帶、平坦的風景

(n.) 公寓、公寓式住宅

Social workers were shocked to find more than thirty people living in a single **flat**.
社工驚訝發現超過 30 個人同住在一間公寓裡。

> **英式 vs. 美式**
>
> 北美稱公寓為 apartment，英國稱為 flat，因為建築物上方呈現平整的樣貌，沒有尖斜的屋頂。

(v.) 授予、准許　　　　　　　　　　　　　**offer**

grant
[grænt]

The national government decided to **grant** funding to the city for reconstructing the medieval castle.

國家政府決定撥款給該城市重建這座中世紀城堡。

必考！Collocations

grant credit 授予信貸、准許信貸
take A for granted 視 A 為理所當然

> **大數據分析出題重點**
>
> take A for granted 視為理所當然，不珍惜或沒有感激。
> • The amazing science behind technology in daily life is often taken for granted. 日常生活中，科技背後的神奇科學往往被視為理所當然。

(n.) 補助金、撥款

The research team to receive a government **grant** for the next year's new study has been decided.

由哪個研究小組獲得為明年新研究專設的政府補助金已經確定。

必考！Collocations

research grants 研究補助金、研究費
a maintenance grant 維修保養補助金
grant-aided 受政府補助的

★

(n.) 迴路

circuit
[`sɜkɪt]

circuitous (adj.) 迂迴的

Scents trigger memories because smells are processed along a neural **circuit** located near the memory-storage region of the brain.

氣味能喚起記憶，這是因為味道訊息的處理是沿著位於大腦記憶儲存區附近的神經迴路。

必考！Collocations

closed-circuit television (CCTV) 閉路電視、監視器
brain circuit 大腦神經迴路

★★

adequate
[ˋædəkwɪt]

adequately (adv.)
充分地；適當地

inadequate (adj.)
不充分的；不適當的

(adj.) 充分的；適當的   appropriate

Most new drivers find the final licensing exam to be passable with **adequate** preparation.

大部分的新手駕駛發現，只要做好充分的準備，都可以通過最終的駕照考試。

★

gauge
[gedʒ]

(v.) 測量   measure

Survey results allow business owners to **gauge** the overall satisfaction level of their clientele.

問卷調查結果讓企業主可以衡量所有客戶的整體滿意度。

┌─ **英式 vs. 美式** ─────────────
│ 英式拼字為 gauge，美式為 gage。
└──────────────────────────

Quick Review

I 請找出各單字對應的意思並連起來。

1.	enormous	①	實施
2.	inhospitable	②	祖先
3.	entitle	③	先驅者、開拓
4.	circuit	④	感染
5.	ancestor	⑤	難以居住的
6.	occasional	⑥	刺激
7.	pioneer	⑦	賦予資格、給予權力
8.	stimulate	⑧	巨大的、龐大的
9.	implement	⑨	偶爾的、不經常的
10.	infection	⑩	迴路

II 請找出各單字對應的近義字並連起來。

11.	gauge	⑪	possess
12.	rule	⑫	show
13.	issue	⑬	appropriate
14.	regard	⑭	law
15.	scrutiny	⑮	measure
16.	own	⑯	diversity
17.	variation	⑰	matter
18.	adequate	⑱	consider
19.	grant	⑲	examination
20.	manifest	⑳	offer

解答

1. ⑧ 2. ⑤ 3. ⑦ 4. ⑩ 5. ② 6. ⑨ 7. ③ 8. ⑥ 9. ① 10. ④
11. ⑮ 12. ⑭ 13. ⑰ 14. ⑱ 15. ⑲ 16. ⑪ 17. ⑯ 18. ⑬ 19. ⑳ 20. ⑫

🎧 **016** 仔細聽音檔並閱讀單字，學習完成在框中打 ✓

☐ **invader** [ɪn`vedə]
侵略軍

☐ **grain** [ɡren]
穀物、穀粒

☐ **friction** [`frɪkʃən]
摩擦

☐ **tariff** [ˌtærɪf]
關稅、稅率

☐ **suspicion** [sə`spɪʃən]
懷疑

☐ **locomotive** [ˌlokə`motɪv]
火車頭

☐ **patron** [`petrən]
贊助者、老主顧

☐ **saga** [`sɑɡə]
長篇小說

☐ **reticence** [`rɛtəsəns]
因恐懼而不表態

☐ **remuneration** [rɪˌmjunə`reʃən]
報酬

☐ **counterpart** [`kaʊntəˌpɑrt]
相對應的人、對應體

☐ **summit** [`sʌmɪt]
山頂

☐ **surveillance** [sə`veləns]
監視

☐ **detergent** [dɪ`tɜdʒənt]
洗潔劑

☐ **ambiguity** [ˌæmbɪ`ɡjuətɪ]
模稜兩可、曖昧模糊

☐ **whereabouts** [`wɛrəˌbaʊts]
行蹤、下落

☐ **recession** [rɪ`sɛʃən]
經濟蕭條、不景氣

☐ **vehicle** [`viɪkəl]
車輛

☐ **ploy** [plɔɪ]
計策

☐ **fleet** [flit]
艦隊

Memo

IELTS Vocab
學習計畫

✓ 勾選出認識的單字，寫上中文意思。

- ☐ periodical
- ☐ intricate
- ☐ altogether
- ☐ demanding
- ☐ flatten
- ☐ trap
- ☐ occupational
- ☐ coin
- ☐ seize
- ☐ remarkable
- ☐ initiative
- ☐ appropriate
- ☐ afflict
- ☐ colonise
- ☐ exploit

- ☐ extract
- ☐ damp
- ☐ figure
- ☐ provision
- ☐ hazard
- ☐ entail
- ☐ locate
- ☐ endorse
- ☐ agriculture
- ☐ appraisal
- ☐ evidence
- ☐ transmit
- ☐ confidential
- ☐ conclusively
- ☐ rather

periodical
[͵pɪrɪˋɑdɪkəl]

period (n.) 期間、時期

(n.) 期刊

The **periodicals** in the library's archives date back to the late 19th century.
那間圖書館藏書室裡的期刊可回溯到 19 世紀後期。

必考！Collocations

books and periodicals 書籍和期刊

★★★

intricate
[ˋɪntrəkɪt]

intricately (adv.) 複雜地
intricacy (n.) 複雜性

(adj.)（精密）複雜的　　**complicated, complex**

A balanced and healthy ecosystem largely depends on the **intricate** relationship between plants and insects.
一個平衡、健康的生態環境主要取決於植物和昆蟲之間複雜的關係。

必考！Collocations

intricate patterns 複雜的圖案
intricate restoration work 複雜的修復工程

★★

altogether
[͵ɔltəˋgɛðɚ]

(adv.) 完全地、全部　completely, entirely, in total

Many diet plans are dropped **altogether** when individuals do not see immediate results.
人們看不到立即的結果時，許多減肥計劃就會被完全中斷。

★★

demanding
[dɪˋmændɪŋ]

demand
(n.) 需求 (v.) 要求

(adj.) 要求多的、吃力的　　　　　　**difficult**

Social work is a mentally and emotionally **demanding** field, but it is highly rewarding.
社會福利工作是一個在精神上和情緒上都高度要求的領域，但很有意義。

英式 vs. 美式

[a] 的發音，在英國主要讀 [ɑ]，在美國讀 [æ]，因此 demanding 的英式發音為 [dɪˋmɑndɪŋ]，美式發音為 [dɪˋmændɪŋ]。

★★	(v.) 使平坦

flatten
[ˋflætən]

flattened
(adj.) 變扁平的
flat
(adj.) 扁平的、平坦的

Hamsters can **flatten** their bodies to pass through a tiny hole.
倉鼠可使身體成扁平狀以穿過一個小洞。

 必考！ Collocations

flatten out 逐漸扁平化

★★	(v.) 困住、使陷入

trap
[træp]

trapping (n.) 設陷阱

The boys who were **trapped** inside the tunnel were finally freed after a 15-hour rescue operation.
在經過 15 個小時的救援行動之後，被困在隧道裡的男孩們終於獲救。

(n.) 圈套、陷阱

Some species of spider are able to construct intricate **traps** in order to make their prey immobile.
有些種類的蜘蛛能夠建造複雜的陷阱，藉此使他們補到的獵物無法移動。

必考！ Collocations

cognitive traps 認知陷阱，指造成身心傷害的負面想法

★★	(adj.) 職業的、與職業相關的

occupational
[ˌɑkjəˋpeʃənəl]

occupation (n.) 職業
occupationally
(adv.) 職業上

Falling from great heights is an **occupational** hazard that many construction workers face on a daily basis.
從高空墜落是許多建築工人每天都要面對的職業危害。

 必考！ Collocations

occupational health 職業健康
occupational psychology 職業心理學

> **英式 vs. 美式**
>
> [o] 的發音，英式發 [ɔ]，美式發 [ɑ]，因此 occupational 的英式發音為 [ˌɔkjəˋpeʃənəl]，美式發音為 [ˌɑkjəˋpeʃənəl]。

★

coin
[kɔɪn]

(v.) 創造新字彙 invent

Social media users **coined** hundreds of new words last year.
去年社交媒體用戶創造了數百個新語詞。

> **大數據分析出題重點**
>
> coin 是創造新的用語,也可用以下字彙改述。
> • first use 首次使用

> **認識語源讓學習更輕鬆!**
>
> coin 的原意是「錢幣」,衍生出「鑄造貨幣」、「創造新語詞」等意義。

 ★

seize
[siz]

(v.) 抓住、掌握

In 1936, Francisco Franco began the civil war in an effort to **seize** control of the Spanish government.
1936 年法蘭西斯科‧佛朗哥為了掌握西班牙政府的統制權而發動內戰。

必考!Collocations

seize an opportunity 抓住機會

 ★★★

remarkable
[rɪˋmɑrkəbəl]

remarkably
(adv.) 顯著地

(adj.) 令人驚訝的、引人注目的 significant, surprising

The canal's construction may have been abandoned if the engineers had not come up with the **remarkable** solution.
如果工程師們沒有想到這個驚奇的解決方案,那條運河的建設可能會因此被放棄。

必考!Collocations

remarkable solutions 值得注意的解決方案
remarkable achievements 了不起的成就
remarkable discoveries 令人驚訝的發現

★★★

initiative

[ɪˋnɪʃətɪv]

initiate (v.) 開始、著手

(n.) 計畫、新方案

The new waste disposal regulations are the first part of the city's environmental **initiative**.

新垃圾處理規定是都市環境事業的第一個階段。

> **大數據分析出題重點**
>
> initiative 是政府或公司為達到目的、解決問題提出的「新計畫或方案」。

★★★

appropriate

[əˋproprɪˏet]

appropriately
(adv.) 適當地

inappropriate
(adj.) 不當的

(adj.) 適當的　　　　　　　　**suitable, adequate**

The format for a résumé and a cover letter should be **appropriate** for each job position.

履歷和自我介紹的格式應該配合每個工作職位。

> **必考！Collocations**
>
> appropriate for ~ 適合於～
> in an appropriate way 以適當的方式、適當地
> appropriate treatments 適當的治療
> appropriate responses 適當的反應

★

afflict

[əˋflɪkt]

(v.) 使痛苦、受折磨　　　　　　　　**bother**

Migraines are a chronic illness that **afflict** approximately one in eight people in the US.

偏頭痛是一種慢性病，在美國大約每八個人當中就有一個人受這種疾病之苦。

★★

colonise

[ˋkɑləˏnaɪz]

colonization
(n.) 殖民地化

colonizer
(n.) 殖民地開拓者

(v.) 殖民

The British Empire **colonised** approximately a quarter of the territories in the world.

大英帝國殖民全世界約四分之一的領土。

> **英式 vs. 美式**
>
> 英式拼字為 colonise，美式拼字為 colonize。

exploit
[ɪkˋsplɔɪt]

exploitation
(n.) 剝削、榨取

(v.) 剝削、（不當地）利用、開發

Areas rich in coal and other natural resources used to be **exploited** by powerful corporations.

富含煤炭和其他自然資源的地區經常遭到勢力雄厚的企業開發利用。

> **必考！Collocations**
>
> exploiting trends 善用趨勢
> exploit an opportunity 利用機會

extract
[ɪkˋstrækt]

extraction (n.) 萃取

(v.) 萃取　　　　　　　　　　　　　　**remove**

To protect the marine environment, safer methods of **extracting** oil from the ocean floor will need to be developed.

為保護海洋環境，必須開發海底提取石油更安全的方法。

> **大數據分析出題重點**
>
> extract 當名詞念[ˋɛkstrækt]，意思是「摘錄、萃取物」。
> • read the extract from the book 閱讀書籍摘錄
> • natural extract 天然萃取物

damp
[dæmp]

(adj.) 潮溼的　　　　　　　　　　　　**moist, wet**

Wasabia japonica, or Japanese horseradish, grows best in **damp** soil protected by shade.

山葵，也就是日本辣根，在陰暗潮溼的土壤中生長最好。

> **必考！Collocations**
>
> damp regions 潮溼地區
> damp environment 潮溼的環境

> **大數據分析出題重點**
>
> 以下是雅思常用來表示「潮溼地區」的單字。
> • swamp 沼澤、泥沼
> • marshland 沼澤地帶

★★★

figure

[ˈfɪgjə]

disfigure
(v.) 使變醜、毀容

(n.) 數值 **statistics, characteristics**

The annual sales **figures** show that the electric lorry is a considerable success.
年度銷售數字顯示出電動卡車相當成功。

必考！Collocations

current figures 現在數值
the largest figure 最大數值

大數據分析出題重點

figure 也有「人物、模樣」的意思。
• historical figures 歷史人物

(v.) 認為（是～）

Day
09

Government officials **figured** that the recession would come to an end within the next six months.
政府官員認為經濟衰退將在未來六個月內結束。

必考！Collocations

figure out 理解、明白

★★★

provision

[prəˈvɪʒən]

provide (v.) 提供

(n.) 提供、供給品；條款

The level of special education **provision** is increasing as national initiatives have been aggressively undertaken.
隨著國家計畫積極展開，特殊教育提供的水準不斷提升。

必考！Collocations

healthcare provision 提供醫療保健服務
basic provisions 基本供給品（水、盥洗用品等）
the provision of basic rights 基本權利條款

大數據分析出題重點

provisions 複數型的意思為「糧食、儲存物資」，可用 supplies（供應品）、food（食物、糧食）等近義字改述。

★★★

hazard
[ˋhæzəd]

(n.) 危險

Most people opt for safe, low-earning investment plans to avoid the financial **hazards** of more-rewarding ones.

許多人為了避免高利潤投資的財務風險，選擇安全、低收益的投資方案。

必考！Collocations

physical hazards 身體上的危害
safety hazards 安全性危險
identify hazards 確認危險性

★★

entail
[ɪnˋtel]

(v.) 需要、伴隨著　　　　　　　　　**involve**

In today's complex and global market, consumers are generally unaware that their purchases **entail** ethical dilemmas such as labour exploitation.

在今日複雜的全球化市場，消費者通常不知道他們的購買行為將伴隨著像勞動剝削一樣倫理兩難的情況。

★★★

locate
[loˋket]

location (n.) 位置

(v.) 使～位於　　　　**situate, position, place**

Fresh spring water sources are **located** along the trail.

清泉供應區位於步道兩旁。

必考！Collocations

be located in ~ 位於～
be located near ~ 位於～附近

(v.) 找出位置、定位

The divers failed to **locate** the crashed airplane's data recording device.

潛水員沒有找到失事飛機的數據記錄器。

必考！Collocations

locate food 找到食物

| ★ | (v.) 支持、認可 | **support** |

endorse
[ɪn`dɔrs]

The president's plan to fully convert the country to clean energy was **endorsed** by the ten largest corporations in the nation.

總統計畫將全國全面轉變為使用乾淨能源，獲得國內十大企業的支持。

─ 認識語源讓學習更輕鬆！ ─

endorse 源自 en-（放入）+ -dorse（背後），在文件背面簽名，衍生出以下字義。
- （在票據、支票上）背書
- （公開地）支持
- （在廣告）代言、推薦

| ★★★ | (n.) 農業 | **farming** |

agriculture
[`ægrɪˌkʌltʃɚ]

agricultural
(adj.) 農業的

Agriculture in the past was completely reliant on weather.

過去的農業完全仰賴天氣。

─ 大數據分析出題重點 ─

以下是雅思常見的初級產業。
- agriculture 農業
- coal mining 煤礦業
- commercial fishing 漁業

| ★★ | (n.) 評鑑 | |

appraisal
[ə`prezəl]

It is beneficial to both a company and its staff that performance **appraisals** are routinely carried out.

定期進行績效評估對一家公司和其員工都有好處。

必考！Collocations

formal appraisals 正式評估
performance appraisals 人事評鑑、業務績效評估

─ 大數據分析出題重點 ─

在英國 performance appraisals 是「績效評估會議」，職員向主管說明業務進度、目標，並在會議中提出相關需求、改善方案。

★★★	(n.) 證據	clue, proof

evidence

[ˋɛvədəns]

The prosecutor could not provide the court with solid **evidence** of arson.

檢察官無法向法院提出具體的縱火證據。

 必考！Collocations

evidence for something 某事物的相關證據
genetic evidence 基因證據
factual evidence 依據事實的證據
definitive evidence 確鑿證據
documented evidence 書面證據

> **大數據分析出題重點**
>
> 以下是雅思常用來表示「證據」的單字。
> * information 資訊
> * indication 跡象
> * sign 徵兆
> * instance 實例
> * discovery 發現物
> * findings 結果

★★	(v.) 傳送、傳染	

transmit

[trænsˋmɪt]

transmitter
(n.) 發射器；傳送者

Wireless technologies allow us to **transmit** images and documents to each other no matter where we are.

無線技術讓我們無論身在何處都能互相傳送圖像和文件。

 必考！Collocations

transmit flu 傳播流感
transmit data reliably 可靠地傳輸數據

★★	(adj.) 機密的	secret, private

confidential

[ˌkɑnfəˋdɛnʃəl]

confidentiality (n.) 機密

confidentially
(adv.) 祕密地

All medical records are required to be kept as **confidential** information.

所有的醫療記錄都應該作為機密資訊予以保管。

 必考！Collocations

confidential information 機密資訊
confidential counselling 保密諮商

★

conclusively
[kən`klusɪvlɪ]

conclusive
(adj.) 結論性的；確實的

(adv.) 結論性地；確實地   **clearly**

The specimen was sent to the National Science Centre after the local research group was unable to **conclusively** identify the strange fish.

在當地研究小組無法確實地辨識那陌生魚類的品種之後，它的樣本就被送到國立科學中心。

> **大數據分析出題重點**
>
> conclusively 用於結束爭論、做出結論的時候，已沒有爭議，所有人都同意。
> 以下為意思相近的雅思出題單字：
> • clear 分明的
> • definitive 最終的、確鑿的
> • having clarity 具有明確性的
> • intelligible 明白易懂的
> • exact 正確的

Day
09

★★★

rather
[`ræðə]

(adv.) 而是、相反地

Travelers affected by the flight cancellation may choose to stay in a hotel near the airport **rather** than return.

因航班取消而受影響的旅客，可選擇住機場附近的飯店而不必返回。

必考！ Collocations

it is rather like ~ 反而像～
rather than ~ 而不是～

(adv.) 相當

It is believed that meat from a stressed animal can be **rather** tough when cooked.

一般認為受到壓力的動物在烹煮後，它的肉質相當堅韌。

> **英式 vs. 美式**
>
> [a] 的發音，英國主要讀 [ɑ]，美國讀 [æ]，
> 因此 rather 的英式發音為 [`rɑðə]，美式發音為 [`ræðə]。

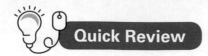

Quick Review

Ⅰ 請找出各單字對應的意思並連起來。

1.	occupational	①	使平坦
2.	colonise	②	（精密）複雜的
3.	intricate	③	抓住、掌握
4.	initiative	④	期刊
5.	rather	⑤	而是、相反地、相當
6.	seize	⑥	職業相關的
7.	provision	⑦	殖民
8.	periodical	⑧	提供、供給品
9.	exploit	⑨	計畫、新方案
10.	flatten	⑩	剝削、利用、開發

Ⅱ 請找出各單字對應的近義字並連起來。

11.	locate	⑪	moist
12.	altogether	⑫	involve
13.	evidence	⑬	find
14.	damp	⑭	support
15.	endorse	⑮	clue
16.	confidential	⑯	secret
17.	entail	⑰	clearly
18.	conclusively	⑱	completely
19.	demanding	⑲	difficult
20.	afflict	⑳	bother

解答

1. ⑥ 2. ⑦ 3. ② 4. ⑨ 5. ⑤ 6. ③ 7. ⑧ 8. ④ 9. ⑩ 10. ①
11. ⑬ 12. ⑱ 13. ⑮ 14. ⑪ 15. ⑭ 16. ⑯ 17. ⑫ 18. ⑰ 19. ⑲ 20. ⑳

Vocabulary Expansion

🎧 **018** **仔細聽音檔並閱讀單字，學習完成在框中打 ✓**

☐ **faculty** [`fækəltɪ]
① (n.) 學系、教職員　② (n.) 能力

☐ **resolution** [ˌrɛzəˈluʃən]
① (n.) 決心、堅決　② (n.) 決議案
③ (n.) 解析度

☐ **account** [əˈkaʊnt]
① (n.) 帳戶　② (n.) 對事件的描述說明
② (v.) 把～視為

☐ **credit** [`krɛdɪt]
① (n.) 信用　② (n.) 學分

☐ **submarine** [`sʌbməˌrin]
① (adj.) 海面下、海底的　② (n.) 潛水艇

☐ **level** [`lɛvəl]
① (n.) 水準　② (v.) 使變平

☐ **relative** [`rɛlətɪv]
① (adj.) 相對的　② (n.) 親戚

☐ **plain** [plen]
① (adj.) 清楚的
② (adj.) 樸素的、無調味的
③ (n.) 平地、平原

☐ **prescription** [prɪˈskrɪpʃən]
① (n.) 處方籤、處方藥
② (n.) 建議、祕訣

☐ **declare** [dɪˈklɛr]
① (v.) 聲明、宣布　② (v.)（稅金）申報

☐ **conform** [kənˈfɔrm]
① (v.) 遵從（規則）
② (v.) 贊同，與～一致

☐ **vessel** [`vɛsəl]
① (n.) 船隻　② (n.) 器皿　③ (n.) 血管

☐ **conception** [kənˈsɛpʃən]
① (n.) 概念、構想　② (n.) 受孕、懷孕

☐ **mature** [məˈtjʊr]
① (adj.) 成熟的　② (adj.) 經深思熟慮的

☐ **marshal** [`marʃəl]
① (n.) 司儀者　② (v.) 整頓、統率

☐ **contract**
[kənˈtrækt](v.)　[`kantrækt](n.)
① (v.) 收縮　② (n.) 合約

☐ **bark** [bark]
① (n.) 樹皮　② (n./v.) 狗吠聲

☐ **iron** [`aɪən]
① (n.) 鐵　② (n.) 鐵質
③ (v.) 熨燙衣物

☐ **refreshment** [rɪˈfrɛʃmənt]
① (n.) 點心、飲料　② (n.) 精力恢復

☐ **representative** [ˌrɛprɪˈzɛntətɪv]
① (n.) 代表人、營業代表
② (adj.) 有代表性的

Memo

✓ 勾選出認識的單字，寫上中文意思。

- ☐ reconcile
- ☐ belong
- ☐ parasite
- ☐ blame
- ☐ migration
- ☐ thwart
- ☐ coincide
- ☐ exposure
- ☐ thereby
- ☐ cell
- ☐ race
- ☐ inevitable
- ☐ challenging
- ☐ reliable
- ☐ conscious

- ☐ legitimate
- ☐ concern
- ☐ irreversible
- ☐ artefact
- ☐ confinement
- ☐ designed
- ☐ attempt
- ☐ encourage
- ☐ creature
- ☐ conviction
- ☐ corridor
- ☐ accurate
- ☐ mass
- ☐ lower
- ☐ educated

★

reconcile
[ˋrɛkənsaɪl]

(v.) 調和、調解；達到一致

It has become crucial to **reconcile** one's work life with one's family life.
調和一個人的工作生活和家庭生活變得相當重要。

★★★

belong
[bəˋlɔŋ]

belongings
(n.) 個人所有物

(v.) 屬於　　　　　　　　　　　　　　　**be owned**

The recreational vehicles that **belong** to the resort are available only to VIP guests.
屬於度假村的露營車只開放給 VIP 客人使用。

必考！Collocations

belong to~ 屬於～

★★

parasite
[ˋpærə͵saɪt]

(n.) 寄生物

If you live in a rural, wooded area, frequently check your outdoor pets for **parasites**.
如果你住在多樹的鄉村地區，要經常替你室外的寵物檢查寄生蟲。

認識語源讓學習更輕鬆！

parasite 結合自 para-（旁邊）+ site（小麥或食物，從古希臘語 sitos 演變而來），指「吃他人食物者」，演變為「寄生物」的意思。

★★★

blame
[blem]

(v.) 歸咎責任、責怪

The fungal parasite is to **blame** for the destruction of last season's crops.
寄生黴菌是破壞上次穀物收成的罪魁禍首。

必考！Collocations

be to blame for ~ 是～的罪魁禍首

大數據分析出題重點

blame 也可當名詞，意思是「歸咎、責備」，可用 responsibility（責任）替換改述。
• take blame for 為～負責任

★★★

(n.) 遷移、移居

migration
[maɪˋɡreʃən]
migrate (v.) 遷移

The **migration** of our ancestors across the Bering Strait brought the first humans to North America over 20,000 years ago.

2 萬多年前，我們祖先的遷徙橫越白令海峽，帶領最早一批人踏上北美地區。

> **必考！ Collocations**

migration patterns 遷移模式
seasonal migration 季節性遷移
prehistoric migration 史前時代的遷徙
one's migration route 某人的遷徙路線

大數據分析出題重點

動詞 migrate（遷徙），衍生出以下單字。
- emigrate 從原居住地遷徙到其他地方，移出。
- immigrate 從其他地方遷徙過來，移入。
migrate 可以用在人和動物，emigrate 和 immigrate 僅指「人」的遷徙。

 ★

(v.) 使受挫折

thwart
[θwɔrt]

Anne Frank's father's attempts to run away from Germany were **thwarted** by strict US immigration policies.

安妮・弗蘭克的父親試圖逃離德國，卻因美國嚴格的移民政策遭受挫折。

> **必考！ Collocations**

be thwarted by ~ 因～受到挫折

 ★★

(v.) 同時發生、一致

coincide
[ˌkɔɪnˋsaɪd]

coincidental
(adj.) 巧合的

coincidence
(n.) 巧合、（意見）吻合

The tsunami that hit the coastal region **coincided** with a volcanic eruption that took place 23 kilometers from shore.

襲擊海岸地區的海嘯，和距離海岸 23 公里遠的火山爆發，同時發生。

> **必考！ Collocations**

coincide with ~ 和～同時發生

★★ | (n.) 暴露

exposure
[ɪk`spoʒə]

The teenagers who grew up in the remote village had no **exposure** to pop music, social media, or reality television.

在偏遠村落長大的青少年沒有接觸過流行音樂、社群媒體或真人秀電視節目。

必考！Collocations

exposure to ~ 暴露於～之下

★★★ | (adv.) 因此、從而

thereby
[ðɛr`baɪ]

The British and Prussians defeated Napoleon at Waterloo, **thereby** ending the Napoleonic Wars.

英軍與普魯士軍在滑鐵盧打敗了拿破崙，因此結束了拿破崙戰爭。

大數據分析出題重點

這是雅思常見的連接副詞，解讀時可以將 thereby 後面的內容視為「結果」。
以下是雅思常見表達「因此」的單字、片語：
- as a result 因此
- thus 因此
- therefore 因此
- hence 因此

 ★★ | (n.) 細胞

cell
[sɛl]

cellular (adj.) 細胞的

The human body is made up of more than 10 trillion **cells**.

人體由超過 10 兆個細胞組成。

必考！Collocations

white blood cell 白血球
nerve cell 神經細胞
solar cell 太陽能電池

認識語源讓學習更輕鬆！

cell 原指中世紀修道院的小房間，演變為「牢房；細胞」的意思。

★★

race
[res]

(n.) 種族、人種、民族

The human **race** has greatly affected the Earth's climate and atmosphere.
人類對地球氣候和大氣層造成龐大的影響。

必考！Collocations

the human race 人類

(n.) 競賽

The top horses arrived at the track for the international horse **race**.
為了國際賽馬大會，頂尖馬匹抵達了競賽場。

 ★★

inevitable
[ɪn`ɛvətəbəl]

inevitably
(adv.) 不可避免地

(adj.) 不可避免的

The company's bankruptcy was **inevitable** after the huge failure of its latest product.
最新產品經歷巨大失敗後，那家公司無可避免註定面臨破產。

英式 vs. 美式

母音和母音之間的 [t] 發音，美式以連音的方式處理，輕柔地發 [d] 的聲音。因此 inevitable 的英式發音是 [ɪn`ɛvɪtəbəl]，美式發音是 [ɪn`ɛvɪdəbəl]。

 ★★

challenging
[`tʃælɪndʒɪŋ]

(adj.) 具有挑戰性的、困難的　　　　　**difficult**

A triathlon is one of the most **challenging** competitions an athlete can enter.
鐵人三項是運動員可以參加的最具挑戰性的比賽之一。

必考！Collocations

challenging goals 具挑戰性的目標
challenging situation 艱鉅的情形

大數據分析出題重點

challenging 形容只要付出努力，就有可能克服的挑戰。

★★ | (adj.) 可靠的、確實的 | trustworthy

reliable

[rɪˈlaɪəbəl]

reliability
(n.) 可信度、可靠性

Universal Studios, a huge amusement park, has been a **reliable** source of income for residents in the county.

環球影城大型遊樂園一直是該郡區居民可靠的收入來源。

必考！Collocations

highly reliable 可信度高的

大數據分析出題重點

reliable 表示數據持續出現一致結果，意義上可與以下字彙連結：
- dependable 可信的
- safe 安全的
- sure 確實的

反義字 unreliable（不可靠的）可用以下單字釋義改寫。
- debatable 具爭議的

★★ | (adj.) 有意識的、自覺的 | aware

conscious

[ˈkɑnʃəs]

consciously
(adv.) 有意識地

consciousness
(n.) 意識、自覺

unconscious
(adv.) 無意識的

The lawyer needed to prove that the defendant did not make a **conscious** decision to commit the crime.

律師需要證明被告不是在有意圖的情況下決定犯罪。

必考！Collocations

eco-conscious 有環保意識的

大數據分析出題重點

以下是含有 conscious 在內的雅思常見心理學用語。
- subconscious 潛意識的
- paraconscious 超意識的

★ | (adj.) 合法的、正當的 | legal, authorised

legitimate

[lɪˈdʒɪtəmɪt]

legitimacy (n.) 合法性

Most cases of addiction to painkillers start with a **legitimate** prescription from a doctor.

大部分的藥物成癮案例都是從醫生開的合法處方籤開始。

★★★

concern

[kən`sɜn]

unconcern
(n.) 不關心、冷漠

(v.) 擔憂

worry

Parents were **concerned** about the difficult themes the children's programme explored.

家長對於兒童節目探討的艱深主題感到憂心。

必考！Collocations

be concerned about ~ 擔心～

大數據分析出題重點

舉例來說，be concerned about 在意義上可以用以下的字彙釋義改寫。
- be anxious about 憂慮
- complain 抱怨
- disappoint 使失望

(v.) 涉及、與～相關

The mayor plans to hold a town forum to outline the agricultural proposal as it **concerns** the entire community.

由於關係到整個社區，市長計畫舉行一場城鎮座談會，概括說明該農業提案。

必考！Collocations

to whom it may concern（書信）致有關單位

(v.) 關心、重視；公司、企業

When preparing for a job interview, **concern** yourself with your appearance as well.

準備面試的同時，也要注意自己的外表。

大數據分析出題重點

concern 也可當名詞，上面三種意思都可作名詞使用。
- express concern 表示擔憂
- address concern 處理、解決擔憂
- growing health concerns 對健康日益憂心
- family concern 家庭企業

irreversible

[ˌɪrɪˈvɝsəbəl]

reversible
(adj.) 可逆轉的

(adj.) 不可逆轉的

The changes made to the dress were **irreversible**.
禮服一旦經過修改是無法回復原狀的。

> **認識語源讓學習更輕鬆！**
>
> irreversible 源自 ir-（否定、反義的字首）+ reverse（反轉）+ -ible（可以～的），意指「無法逆轉的」。

---

artefact

[ˈɑrtɪfækt]

(n.) 文物

Many of the **artefacts** recovered from the pharaoh's tomb were thought to be priceless.
在法老墳墓裡發現的許多文物被認為是無價之寶。

> **大數據分析出題重點**
>
> artifact 指過去使用過的物品，可用以下字彙替代改述。
> • historical object 歷史物件
> • ancient object 古代物件

> **英式 vs. 美式**
>
> 英式拼寫為 artefact，美式為 artifact。

---

confinement

[kənˈfaɪnmənt]

confine (v.) 禁閉

(n.) 監禁　　　　　　　　　　　**imprisonment**

People in northern countries have different ways of dealing with the feelings of isolation and **confinement** that accompany the long winters.
生活在北方國度的人們，對於漫長的冬天伴隨而來的孤立感和監禁感，有多種不同的因應方法。

必考！Collocations

solitary confinement 單獨監禁

---

designed

[dɪˈzaɪnd]

(adj.) 計畫的、設計的　　　　　　　**tailored**

The device is **designed** for individuals who only have partial use of their hands.
這個裝置是專為雙手不便活動的人而設計的。

attempt
[əˈtɛmpt]

★★★

(n.) 試圖   **effort**

Employees attend the lectures but make no **attempt** to apply what they've learned to their daily tasks.
員工們雖然參加了演講，卻不嘗試著把學到的東西應用在他們每天的業務上。

必考！Collocations

in an attempt to do ~ 試圖做~，為了而做~

大數據分析出題重點

in an attempt to do ~ 也可以用以下詞彙替換改述。
- make an effort to do ~ 努力去做~
- aim to do ~ 打算做~
- want to do ~ 想要做~
- hope to do ~ 希望做~

(v.) 試圖   **try**

Some people in the Middle Ages **attempted** to change different materials into gold.
有些中世紀的人們試圖把不同的物質變成黃金。

encourage
[ɪnˈkɜɪdʒ]

★★★

encouragement
(n.) 鼓勵

discourage
(v.) 使灰心

(v.) 鼓勵、促進   **motivate, promote**

Reduced bus fares on the weekends should **encourage** more people to use public transportation in the city.
週末公車票價的優惠應該會鼓勵更多人在城市中使用大眾交通工具。

必考！Collocations

encourage somebody to do something 鼓勵某人做某事

大數據分析出題重點

encourage 經常出現在解答的線索句裡，可與以下字彙連結，找出答案。
- induce 勸説、誘使
- increase 增加
- stimulate 刺激、激勵
- support 支持
- recommend 建議

creature
★★★
[`kritʃə]

(n.) 生物

The amount of plastics found in the stomachs of large marine **creatures** was shocking.
在大型海洋動物的胃裡發現的塑膠製品數量令人震驚。

必考！Collocations

harmless creatures 無害生物
dangerous creatures 危險動物
ancient creatures 古代生物
marine creatures 海洋生物、海洋動物

---

conviction
★★
[kən`vɪkʃən]

(n.) 確信、信念　　　　　　　　　　belief

Martin Luther King Jr. spoke with utter **conviction** of the troubles facing African Americans.
馬丁路德・金恩在演說中，針對非裔美國人面對的問題表達強烈信念。

必考！Collocations

intellectual conviction 理智的信念

---

corridor
★
[`kɔrɪdə]

(n.) 走廊、通道　　　　　　　passage, aisle, exit

The best room with a stunning ocean view is the one at the end of the **corridor**.
擁有絕佳海景的頂級房間位於走廊的盡頭。

必考！Collocations

migration corridors 遷徙通道

---

accurate
★★★
[`ækjərɪt]
accuracy (n.) 正確度
accurately (adv.) 正確地
inaccurate
(adj.) 不正確的

(adj.) 準確的　　　　　　　　　correct, precise

Eating or drinking before a medical check-up may prevent the tests from obtaining **accurate** results.
健康檢查前飲食，可能會妨礙檢測獲得準確的結果。

★★

mass
[mæs]

(n.) 堆、質量

The gravitational force of an object is directly related to its **mass**.

一個物體的重力和它的質量有直接的關係。

必考！Collocations

a mass of 大批的、眾多的

大數據分析出題重點

牛頓運動定律 (Newton's laws of motion) F=MA，
F 是 force（力量），M 是 mass（質量），
A 是 acceleration（加速度）。

(n.) 大眾

Some engineers imagine a future where free, clean energy is available to the **masses**.

有些工程師展望一個大眾可使用免費、乾淨能源的未來。

Day
10

大數據分析出題重點

以下為表達「大眾」的近義詞。
- the mass
- the public
- ordinary people

(adj.) 大量的、大眾的

The inaccurate schedule of the **mass** transit system is the most frequent complaint from city residents.

大眾交通運輸系統行車時間的不準確，是市民們最常抱怨的事項。

必考！Collocations

mass restoration 大規模修復

★★★

lower

[`loɚ]

(v.) 降低	**reduce**

Every candidate running for election pledges to **lower** taxes, but few of them ever do.

每位參選的候選人都承諾降低稅收，但只有少數人做到。

(adj.) 較低的

When sleeping, blood pressure is **lower** and body temperature is dropped slightly.

睡覺時，血壓會比較低，體溫也會略微下降。

★★

educated

[`ɛdʒʊˌketɪd]

uneducated
(adj.) 未受教育的

(adj.) 受過教育的

He was especially successful in winning the votes of low-income, poorly **educated** citizens.

他特別成功地獲得了低收入、低教育程度公民的選票。

必考！Collocations

highly educated 受過高等教育的

Quick Review

I 請找出各單字對應的意思並連起來。

1.	reconcile	①	遷移、移民
2.	thwart	②	使受挫折
3.	migration	③	同時發生
4.	confinement	④	設計的
5.	designed	⑤	文物
6.	parasite	⑥	不可避免的
7.	artefact	⑦	具有挑戰性的、困難的
8.	challenging	⑧	監禁
9.	coincide	⑨	調和、調解
10.	inevitable	⑩	寄生物

Day
10

II 請找出各單字對應的近義字並連起來。

11.	conviction	⑪	worry
12.	concern	⑫	effort
13.	corridor	⑬	reduce
14.	attempt	⑭	belief
15.	reliable	⑮	correct
16.	encourage	⑯	passage
17.	lower	⑰	aware
18.	accurate	⑱	legal
19.	conscious	⑲	motivate
20.	legitimate	⑳	trustworthy

解答

1. ⑨ 2. ② 3. ① 4. ⑧ 5. ④ 6. ⑩ 7. ⑤ 8. ⑦ 9. ③ 10. ⑥
11. ⑭ 12. ⑪ 13. ⑯ 14. ⑫ 15. ⑳ 16. ⑲ 17. ⑬ 18. ⑮ 19. ⑰ 20. ⑱

🎧 020 **仔細聽音檔並閱讀單字，學習完成在框中打 ✓**

☐ **maternity leave**
產假

☐ **climate change**
氣候變化

☐ **greenhouse effect**
溫室效應

☐ **sea level**
海平面

☐ **market share**
市場占有率

☐ **blood clot**
血栓（血管中形成的凝血塊）

☐ **space station**
太空站

☐ **fossil fuel**
化石燃料

☐ **silver paper**
錫箔紙

☐ **radio waves**
無線電波

☐ **bank statement**
銀行對帳單

☐ **curriculum vitae (CV)**
簡歷

☐ **nature reserve**
自然保護區

☐ **courtship ritual**
求偶行為

☐ **child mortality**
兒童死亡率

☐ **grace period**
寬限期、延緩期

☐ **power cut**
停電

☐ **power tool**
電動工具

☐ **interest rates**
利率、利息

☐ **financial metrics**
財務指標

IELTS Vocab
學習計畫

✓ **勾選出認識的單字，寫上中文意思。**

- ☐ extinct
- ☐ particular
- ☐ extent
- ☐ occur
- ☐ govern
- ☐ reasoning
- ☐ resemble
- ☐ recognition
- ☐ retrenchment
- ☐ famine
- ☐ storey
- ☐ aim
- ☐ venue
- ☐ enhance
- ☐ embark

- ☐ core
- ☐ achieve
- ☐ plot
- ☐ dominant
- ☐ obligation
- ☐ context
- ☐ ideal
- ☐ oblivious
- ☐ competitive
- ☐ matter
- ☐ inextricably
- ☐ reel
- ☐ exceed
- ☐ breakthrough
- ☐ whilst

(adj.) 絕種的、消失的　　　　　　　　**dying out**

extinct

[ɪk`stɪŋkt]

extinction
(n.) 滅絕、消失

With the water temperatures rising, many species of coral are going **extinct** at alarming rates.

隨著水溫上升，許多種類的珊瑚正以驚人的速度絕種。

★★★

(adj.) 特定的、特別的　　　　　　　　**specific**

particular

[pə`tɪkjələ]

The swimmer followed a **particular** diet in order to have enough energy to train for eight hours a day.

為了有足夠的能量進行一天 8 小時的訓練，這位游泳選手遵循特殊的飲食方式。

必考！Collocations

in particular 特別地

(n.) 細節、詳情

Before our tour starts, I would like to go over some of the **particulars** with all of you.

我們的旅行開始之前，我想和大家從頭確認一些細節。

大數據分析出題重點

當 particular 在雅思考題中作名詞使用時，幾乎都以複數的形式出現。

★★★

(n.) 程度、規模

extent

[ɪk`stɛnt]

The plant's leaves, when boiled, had an effect similar to that of a painkiller, but only to a limited **extent**.

這種植物的葉子在煮沸時有類似止痛藥的效果，不過效果有限。

必考！Collocations

to a limited extent 稍微
to a large extent 相當地
to a lesser extent 相對少地
realise the extent ~ 意識到～的程度

★★★

occur
[əˋkɝ]

occurrence
(n.) 發生、存在、出現

(v.) 發生、出現　　　take place, happen, arise

The flooding of the Nile **occurs** every year between June and September because of melting snow in the Ethiopian Highlands.
尼羅河每年六到九月發生氾濫，是因為衣索比亞高原的積雪融化。

 ★★

govern
[ˋgʌvən]

governance
(n.) 統治、管理

(v.) 支配、管理

The amount of traffic in the downtown area is **governed** to a large extent by whether or not a game is being held at Oliver Stadium.
市區交通量很大程度取決於奧利弗體育場是否有舉行比賽。

必考！Collocations

be governed by ~ 取決於～

 ★

reasoning
[ˋriznɪŋ]

(n.) 推論、推理、理由　　　intelligence

The workforce demanded to know the CEO's **reasoning** for increasing his own salary while cutting employees'.
工會要求執行長說明，為何在削減員工薪資的同時卻提高自己薪資的理由。

Day
11

必考！Collocations

deductive reasoning 演繹推理
inductive reasoning 歸納推理

 ★★★

resemble
[rɪˋzɛmbəl]

(v.) 相似

The conditions for the experiment closely **resembled** those of the natural environment.
這項實驗的條件需符合自然環境。

大數據分析出題重點

以下是意義相近的字彙。
• similar 相似的
• look like 看起來像

recognition

[ˌrɛkəgˈnɪʃən]

recognise
(v.) 承認、認出

(n.) 承認、認可   **acknowledgement**

At the awards ceremony, the director received **recognition** for her outstanding contributions to cinema.

在頒獎典禮上，導演得到她對電影界傑出貢獻的肯定。

必考！Collocations

receive recognition 得到肯定、獲得表揚
in recognition of ~ 以肯定～

(n.) 識別、認出   **understanding**

By clearing forests, draining lakes, and removing mountaintops, the mining operation had changed the landscape beyond any **recognition**.

開墾山林、排乾湖水、移除山峰等作法，採礦作業讓這裡的景觀變得面目全非。

必考！Collocations

beyond all recognition 完全認不出來地
visual recognition 視覺辨識

★

retrenchment

[rɪˈtrɛntʃmənt]

(n.) 緊縮、削減費用

With the cost of the construction project increasing rapidly, the project manager accepted the need for **retrenchment**.

由於建築工程的費用急遽增加，該專案的經理同意接受緊縮開支的必要性。

★★★

famine

[ˈfæmɪn]

(n.) 饑荒、飢餓

Conditions in the bankrupt nation were worsened by the **famine**, which resulted from the poor crop harvest.

國家破產的情況因穀物欠收，導致的饑荒而更加惡化。

必考！Collocations

against famine 對抗饑荒

★

storey
[ˋstorɪ]

(n.) (建築物的) 樓層   **floor**

The Burj Khalifa in Dubai has more than 160 **storeys** and is almost 830 meters tall.
杜拜的哈里發塔有 160 多層樓，幾乎達 830 公尺高。

必考！Collocations

single-storey 單層
understorey 下層植被（生長在森林樹冠之下，地面之上的矮型植物）

英式 vs. 美式

英式拼字為 storey，美式拼字為 story。

★★★

aim
[em]

aimed (adj.)
瞄準的、把～當作目標的

aimless (adj.)
漫無目的、失去方向的

(n.) 目標   **goal, purpose**

While the original **aim** was to renovate the old theatre, the owners later decided to demolish it.
雖然最初目標是整修老舊劇院，但業者後來決定將它拆除。

大數據分析出題重點

aim 經常出現在解答的線索句裡，從字義來看，可與以下字彙連結。
• task 職務
• focus 焦點

(v.) 當做目標、針對   **intend**

The majority of sportswear advertisements are **aimed** at men and women between the ages of 18 to 35.
大部分運動服飾廣告是把介於 18 到 35 歲的男性和女性當作目標。

★★

venue
[ˋvɛnju]

(n.) 場所   **place, field**

Tourists in New Orleans frequently visit the bar because it is one of the best **venues** for live jazz music in the world.
紐奧良的觀光客經常拜訪那個酒吧，因為那裡是全世界最頂尖的爵士樂現場演奏場所之一。

Day
11

| ★★★ | (v.) 提高、增進 | improve, increase |

enhance
[ɪn`hæns]

enhanced
(adj.) 提高的、增強的

Adding fresh basil will **enhance** the flavor of your sauce.

加入新鮮的羅勒將提升醬汁的風味。

必考！Collocations

enhance effects 強化效果

> **英式 vs. 美式**
> [a] 的發音，在英國主要讀 [ɑ]，在美國讀 [æ]，因此 enhance 的英式發音為 [ɪn`hɑns]，美式發音為 [ɪn`hæns]。

| ★★ | (v.) 開始、著手 | start |

embark
[ɪm`bɑrk]

Captain Robert Falcon Scott **embarked** on a dangerous expedition to the Antarctic Plateau.

羅伯特・法爾肯・史考特船長展開了航向南極高原的危險探險之旅。

必考！Collocations

embark on ~ 著手～、展開～

> **大數據分析出題重點**
> 主要用法是 embark on/upon 的型態，後面接著「打算開始做的事」。

| ★★ | (n.) 核心 | |

core
[kor]

Within cities, traffic-related issues are at the **core** of most complaints.

在都市裡，與交通有關的問題是大多數抱怨的核心。

> **大數據分析出題重點**
> core 在雅思考題中常當形容詞，可與 central（核心的）或 key（關鍵的）替換改寫。另外，以下是雅思常見的搭配詞 (collocations)。
> • a core function 核心功能
> • a core market 主要市場

(v.) 做到、實現   **attain**

achieve
[ə`tʃiv]

achievement (n.)
成就、成績

overachiever (n.)
高成就者、有成就的人

Due to the widespread use of social media, it is easier than ever for individuals to **achieve** instant fame.

由於社交媒體的廣泛使用，現在人要一夕成名比以往任何時候都還容易。

大數據分析出題重點

名詞 achievement 在雅思中可使用以下字彙替代改寫。
- goal 目標
- success 成功
- completion 完成

achieve 在聽力考試中易拼錯，注意別拼寫成以下錯字。
- acheive (X)
- achiev (X)

★★

plot
[plɑt]

(v.)（地圖）劃記標示

Geographical landmarks were used to **plot** the dimensions of the new road.

地理標誌用來標示新道路的面積。

必考！Collocations

plot measurement 標示測量

(v.) 構思情節

It took the author more than ten years to **plot** and then write the final two novels in his fantasy saga.

作者花了 10 多年的時間構思故事情節，並寫出最後兩部長篇奇幻小說。

(n.)（小塊的）地、土地

Every summer, my grandmother would plant a **plot** of green beans in her backyard.

每年夏天，我奶奶都在她後院的一小塊地上種四季豆。

Day
11

★★	(adj.) 占優勢的、主導的	**predominant**

dominant
[`dɑmənənt]

Our company achieved a **dominant** position in the market by being the first to focus on online sales.

由於我們公司是第一家專注於網路銷售的業者,因而能夠在市場上取得主導地位。

> **大數據分析出題重點**
>
> dominant 指數量或重要性占有優勢,具有較大的影響力時,influential(具影響力的)為雅思常見的改寫單字。此外,由於數量多,也可以用 the most common(最常見的)作語意連結。

★	(n.) 義務	**duty, role, responsibility**

obligation
[ˌɑblə`geʃən]

The international community has a moral **obligation** to provide assistance to countries affected by natural disasters.

國際社會對遭受自然災害的國家有提供協助的道德義務。

必考! Collocations

an moral obligation 道義上的責任、道德義務

★★★	(n.) 脈絡、情境、背景 **meaning, environment, relevance**	

context
[`kɑntɛkst]

Although it is not shocking by today's standards, the novel was extremely controversial within the cultural **context** of its time.

依照現今的標準,或許並不令人震驚,但這部小說在當時的文化背景下,具有相當大的爭議。

必考! Collocations

social context 社會背景
environmental context 環境背景
in context 根據情況

> **大數據分析出題重點**
>
> 雅思常用 context of the time 或 context of its time,指「當時的時空背景」。

162

★★★	(adj.) 最合適的、理想的	suitable, perfect

ideal
[aɪˋdiəl]

Travellers seeking the **ideal** conditions for a relaxing day at the beach should book their flights for December or January.

旅客若想尋找在海邊度過悠閒一日的理想條件，就應該在 12 月或 1 月預定機票。

必考！Collocations

ideal for ~ 對～理想的
ideal condition 理想的條件
ideal material 理想的材料

★	(adj.) 毫無知覺的	ignorant

oblivious
[əˋblɪvɪəs]

Voters are largely **oblivious** to how their government actually works.

選民基本上對於他們的政府實際如何運作毫無所知。

必考！Collocations

oblivious to ~ 對～毫無知覺的
oblivious of ~ 對～毫無知覺的

Day
11

★★★	(adj.) 競爭的

competitive
[kəmˋpɛtətɪv]

non-competitive
(adj.) 沒有競爭的

competitor
(n.) 競爭者、競爭對手

The job market for recent law graduates has become increasingly **competitive**, and law firms are offering fewer and fewer jobs.

最近法律系畢業生的就業市場變得越來越競爭，律師事務所提供的工作機會越來越少。

(adj.) 有競爭力的、（性價比方面）不落後的

To keep the new laptop's pricing **competitive**, some compromises had to be made to its processing power.

為了保持新筆記型電腦的價格競爭力，該產品的處理效能必須做部分犧牲。

必考！Collocations

competitive prices 具競爭力的價格

matter
[`mætə]

(v.) 重要

In some job fields, the academic qualifications of an employee do not **matter**.

在某些工作領域，職員的學歷並不重要。

(n.)（必須處理的）問題、事情

A committee was set up to deal with any financial **matters** related to the construction project.

為處理任何建設工程相關的財務問題而成立委員會。

必考！Collocations

subject matter 主題
no matter how 不管怎麼樣、無論如何
no matter what 無論什麼
a matter of ~ ～的問題

大數據分析出題重點

matter 作為名詞時還有「物體、物質」的意思，不過雅思表達這個意思時，較常使用 material 一字。

★

inextricably
[ɪn`ɛkstrɪkəblɪ]

(adv.) 密不可分地

The end of the First World War is **inextricably** linked with the start of the second.

第一次世界大戰的結束和第二次世界大戰的開始密不可分地連結在一起。

必考！Collocations

linked inextricably with ~ 和～密不可分地連結在一起

認識語源讓學習更輕鬆！

extricate 結合自 ex-（外面）+ -tricate（困難），把困難放在外面，就是「解脫、擺脫」的意思。extricate 加上 in-（否定的字首）、-able（可能的）和 -ly（副詞字尾），就是「不可分開地、無法擺脫地」的意思。

★★	(n.) 捲軸、捲筒

reel
[ril]

Recreational fishermen use advanced fishing **reels** to catch salmon, tuna, and other large fish.
業餘的漁民使用先進的釣魚捲軸捕捉鮭魚、鮪魚和其它大型魚類。

 必考！Collocations

film reels 膠卷捲軸
paper reels 紙卷

★★	(v.) 超過

exceed
[ɪk`sid]

excessive (adj.) 過度的
excess (n.) 過度、超過

Whenever supply of oil begins to **exceed** global demand, oil prices tend to fluctuate wildly.
每當時石油供應量開始超過全球所需時，油價就會開始大幅波動。

★★	(n.) 突破、重大進展

breakthrough
[`brek͵θru]

The band was relatively unknown until they released their rock and roll **breakthrough** that would define their career.
該樂團發表其搖滾樂突破作品後一砲而紅，在這之前他們一直沒沒無聞。

必考！Collocations

make a breakthrough 達成重大的突破

★★	(conj.) 做～的同時　　　　　　　　　while

whilst
[hwaɪlst]

It is illegal for drivers to text or use their mobile phones **whilst** driving.
車輛駕駛人在開車的同時，無論發送簡訊或使用行動電話都是違法的。

大數據分析出題重點

whilst 和 while 是同義連接詞，whilst 主要使用於英式英語，while 多用於美式英語。

Day
11

Quick Review

I 請找出各單字對應的意思並連起來。

1.	famine	①	毫無知覺的
2.	achieve	②	（必須處理的）問題、事情
3.	inextricably	③	支配、管理
4.	govern	④	不可分地
5.	matter	⑤	相似
6.	resemble	⑥	饑荒、飢餓
7.	retrenchment	⑦	占優勢的、主導的
8.	dominant	⑧	推論、推理、理由
9.	oblivious	⑨	達到、實現
10.	reasoning	⑩	緊縮、削減費用

II 請找出各單字對應的近義字並連起來。

11.	properly	⑪	standard
12.	loan	⑫	significant
13.	envy	⑬	reject
14.	extremely	⑭	very
15.	possess	⑮	immediate
16.	ordinary	⑯	correctly
17.	avoid	⑰	jealousy
18.	prompt	⑱	debt
19.	refuse	⑲	prevent
20.	considerable	⑳	own

解答

1. ④ 2. ⑥ 3. ① 4. ② 5. ⑦ 6. ⑤ 7. ⑩ 8. ⑨ 9. ③ 10. ⑧
11. ⑯ 12. ⑱ 13. ⑰ 14. ⑭ 15. ⑳ 16. ⑪ 17. ⑲ 18. ⑮ 19. ⑬ 20. ⑫

🎧 **022** **仔細聽音檔並閱讀單字，學習完成在框中打 ✓**

☐ **digestive** [daɪˋdʒɛstɪv]
(adj.) 消化的

☐ **neuron** [ˋnjʊrɑn]
(n.) 神經元、神經細胞

☐ **skeleton** [ˋskɛlətən]
(n.) 骨骼

☐ **cardiovascular**
[͵kɑrdɪoˋvæskjʊlə]
(adj.) 心血管的

☐ **vein** [ven]
(n.) 靜脈

☐ **heredity** [həˋrɛdətɪ]
(n.) 遺傳

☐ **heart attack**
(n.) 心臟病發作、心肌梗塞

☐ **limb** [lɪm]
(n.) 手腳、四肢

☐ **autism** [ˋɔtɪzəm]
(n.) 自閉症

☐ **organ** [ˋɔrgən]
(n.) 器官

☐ **facial** [ˋfeʃəl]
(adj.) 面部的

☐ **suicide** [ˋsuə͵saɪd]
(n.) 自殺

☐ **asthma** [ˋæzmə]
(n.) 氣喘

☐ **yawning** [ˋjɔnɪŋ]
(n.) 打哈欠的

☐ **olfactory** [ɑlˋfæktərɪ]
(adj.) 嗅覺的

☐ **anatomy** [əˋnætəmɪ]
(n.) 解剖學

☐ **migraine** [ˋmaɪgren]
(n.) 偏頭痛

☐ **dementia** [dɪˋmɛnʃɪə]
(n.) 癡呆症、失智症

☐ **innate** [ɪnˋet]
(adj.) 先天的

☐ **immunity** [ɪˋmjunətɪ]
(n.) 免疫力

Memo

IELTS Vocab
學習計畫

✓ **勾選出認識的單字，寫上中文意思。**

- ☐ envy
- ☐ reptile
- ☐ qualified
- ☐ distorted
- ☐ widespread
- ☐ succeed
- ☐ avoid
- ☐ frighten
- ☐ marked
- ☐ feature
- ☐ properly
- ☐ revelation
- ☐ prevailing
- ☐ loan
- ☐ command

- ☐ originate
- ☐ ordinary
- ☐ extremely
- ☐ concrete
- ☐ so that
- ☐ compromise
- ☐ considerable
- ☐ lack
- ☐ refer
- ☐ obey
- ☐ prompt
- ☐ accuse
- ☐ possess
- ☐ invasion
- ☐ refuse

★

envy
[ˋɛnvɪ]

Backpackers frequently express **envy** toward the apparent simplicity of the locals' lives, but this sentiment neglects the daily difficulties these men and women face.

背包客常羨慕當地人看似純樸的生活，但忽略了這些人每天面對的困難。

> **大數據分析**出題重點
>
> envy 也可當做動詞，意思是「羨慕」。
> • envy the gifted 羨慕天才
> • envy the fame 羨慕名譽

★★

(n.) 爬蟲類

reptile
[ˋrɛptəl]

Since **reptiles** are cold-blooded, you can often find them in the wild sunning themselves on a rock.

由於爬蟲類是變溫動物，你可以經常發現他們在野外的岩石上曬太陽。

> **大數據分析**出題重點
>
> 常見的爬蟲類，如烏龜 (turtle, tortoise)、蜥蜴 (lizard)、蛇 (snakes) 等。

★★

(adj.) 有資格的、合格的

qualified
[ˋkwɑləˏfaɪd]

overqualified
(adj.) 資歷過高的

A **qualified** accountant will be assigned to your business to review any possible miscalculations in your taxes.

一名合格的會計師將派至您的公司，審查您稅款上任何可能發生的錯誤計算。

必考！Collocations

highly qualified 非常優秀的

> **大數據分析**出題重點
>
> qualified 指具備專業能力，因此 qualified personnel 可理解成某領域的「專家」。

distorted

★

distorted

[dɪsˋtɔrtɪd]

distort (v.) 扭曲、曲解

distortion
(n.) 變形、曲解

(adj.) 扭曲的

If you don't use a special wide angle lens, photographs taken underwater will appear **distorted**.

如果不使用特殊的廣角鏡頭，在水底下拍攝的照片會顯得扭曲變形。

 必考！ **Collocations**

distorted vision 視物變形
distorted views 扭曲的觀點

★★★

widespread

[ˋwaɪd͵sprɛd]

(adj.) 分布廣泛的

The unexpected change in the hurricane's direction led to **widespread** panic along the coast.

因為颶風的方向突如其來地改變，導致廣布的恐慌蔓延整個沿海地區。

★★★

succeed

[səkˋsid]

(v.) 成功、實現目標　　　　　　　　**win**

The new attendance policy **succeeded** in reducing lateness and overuse of personal leave.

新的出勤政策成功地降低遲到和濫用請假的情況。

必考！ **Collocations**

succeed in doing ~ 成功地做某事

(v.)（地位、財產等）繼任、繼承

Mr. Taylor **succeeded** his father as CEO of Eastland Industries.

泰勒先生繼承他父親的職位，成為伊斯特蘭工業的首席執行長。

Day 12

★★★

avoid

[əˋvɔɪd]

avoidance
(n.) 迴避、防止

(v.) 避免　　　　**prevent, avert, shun**

Many university students take advantage of free Wi-Fi services at cafés and libraries to **avoid** the high monthly fees of home internet services.

很多大學生利用咖啡廳和圖書館的免費 Wi-Fi 服務，以避免家庭網路服務的高額月費。

| ★★★ | (v.) 使驚恐、嚇唬 | afraid, be scary |

frighten
[`fraɪtn]

frightening (adj.) 可怕的

The harsh and horrible sound effects in the scene seemed to **frighten** even adults.

場景裡刺耳又可怕的音效，甚至連大人都感到害怕。

> **大數據分析出題重點**
>
> 分詞形容詞 frightening（可怕的）、frightened（受驚嚇的）也是雅思常見字彙。
> - a frightening thought 可怕的想法
> - frightened audience 受驚嚇的觀眾

| ★★★ | (adj.) 明顯的；做記號的 | noticeable |

marked
[mɑrkt]

Slope difficulties at the ski resort are clearly **marked** by different colours and shapes.

滑雪場斜坡的難度，以不同的顏色和形狀清楚標記出來。

必考！Collocations

marked differences 顯著的差異
marked paths 標示的路徑

> **大數據分析出題重點**
>
> marked trails 可以用以下詞彙釋義改寫。
> - regular paths 一般的路徑

| ★★★ | (n.) 特徵、特色 | |

feature
[fitʃɚ]

The central **feature** of the architect's most famous house was the peaceful waterfall that ran underneath it.

這位建築師最著名的住宅的核心特色，就是房子下方流過的寧靜瀑布。

(v.) 以～為特色

The film **featured** a wide cast of unique characters who all contributed to the exciting plot.

這部電影的特徵在於許多獨特的角色投入詮釋扣人心弦的情節。

★★★

properly
[`prɑpəlɪ]
proper (adj.) 恰當的

(adv.) 恰當地 correctly

A professional handyman was hired to ensure that the new water purification system would be **properly** installed and maintained.

為了確保新的淨水系統妥善安裝和維修,聘僱了一名專業技師。

必考! Collocations

properly informed 正確告知
properly recognise 確實地認出、正確認識
be properly trained 接受適當的訓練

 ★

revelation
[rɛvəl`eʃən]
reveal (v.) 揭露、顯示

(n.) 被揭示的真相

The **revelation** that the Earth orbits the sun was disputed by many scholars and religious leaders of the time.

地球繞著太陽公轉的真相揭露,遭到當時許多學者和宗教領袖駁斥。

 ★

prevailing
[prɪ`velɪŋ]
prevail (v.) 蔓延、盛行

(adj.) 占優勢的、盛行的

After the announcement that the company would be downsizing, there was a sense of anxiety **prevailing** across all the offices.

在公司宣布要縮小規模之後,所有辦公室都瀰漫著一種不安的氣氛。

Day
12

 ★★

loan
[lon]

(n.) 貸款 debt, support

The Stevensons took out a large **loan** from the bank in order to start their bakery.

史蒂文森一家向銀行借貸一筆巨款來開他們的麵包店。

必考! Collocations

an extended loan period 延長貸款期限
student loans 學生貸款、就學貸款
increase loan amounts 增加貸款金額
a low-interest loan 低息貸款

(v.) 占有、掌握   **dominate**

command
[kə`mænd]

The team **commanded** a lead as it entered the final stage of the race.

這隊在進入比賽最後階段時占據領先地位。

大數據分析出題重點

command 也有「命令、指揮」的意思,當「命令、指揮」時也可作為名詞。
- on command 按照命令
- command-and-control 指揮和控制

英式 vs. 美式

[a] 的發音,在英國主要讀 [ɑ],在美國讀 [æ],
因此 command 的英式發音為 [kə`mɑnd],美式發音為 [kə`mænd]。

★★

(v.) 起源

originate
[ə`rɪdʒə͵net]

original (adj.)
原來的、具獨創性的

The idea for the poem **originated** from the author's experiences during World War I.

這首詩的想法源自於作者在第一次世界大戰期間的經歷。

必考!Collocations

originate from ~ 發源自~

★★★

(adj.) 普通的、平常的   **standard, normal**

ordinary
[`ɔrdən͵ɛrɪ]

extraordinary
(adj.) 奇異的、特別的

The amazing rescue at Dunkirk was done by **ordinary** people acting bravely in extraordinary times.

一般民眾在關鍵時刻做出英勇的行為,完成驚奇的敦克爾克救援行動。

大數據分析出題重點

ordinary 經常出現在解答的線索句裡,從字義來看,可與以下字彙連結。
- predictable 可預測的
- conventional 常規的

| ★★★ | (adv.) 非常地、極其地 | very, exceptionally |

extremely
[ɪkˋstrimlɪ]

The new fiber is **extremely** flexible and could have multiple uses in construction.

這種新纖維伸縮性非常好，在建築方面有多種用途。

 必考！Collocations

extremely competitive 競爭非常激烈的
extremely successful 極為成功的
extremely fragile 極為易碎的

| ★★ | (adj.) 具體的 |

concrete
[ˋkɑnkrit]

The bank statements provided **concrete** evidence that Mr. Turner had accepted bribes while he was president of the football league.

銀行對帳單提供了具體的證據，顯示特納先生在擔任足球聯盟主席期間曾經收賄。

 必考！Collocations

concrete evidence 具體的證據

| (n.) 混凝土、水泥 |

Day
12

First, massive concrete **columns** were built across the river to provide support for the bridge.

首先，建造了橫跨河川的巨型水泥柱，為橋樑提供支撐。

| ★★★ | (conj.) 以便～ |

so that

Activities will not commence until after lunch **so that** guests have time to get settled into their rooms.

活動將在午餐過後才開始，以便讓客人們有時間在房間安頓、整理行李。

 大數據分析出題重點

so that 表示因果關係的連接詞，解讀時可將前句視為原因，後句視為結果。
• not ~ until after ~ 直到～之後才～

compromise
[`kɑmprə͵maɪz]

(v.) 妥協

A key trait of a capable negotiator is his or her willingness to **compromise**.
有能力的談判家最重要的特點是他們願意妥協。

必考！Collocations

compromise on safety 在安全問題上讓步

(v.)（違背原則）損害、危及

The students' poor behavior at the seminar **compromised** the good reputation of the university.
研討會上學生們不良的行為損害了那所大學的好聲譽。

大數據分析出題重點

compromise 當名詞（妥協、折衷方案），也經常出現在雅思考題中。
- a fantastic compromise 一個漂亮的折衷方案
- agree to a compromise 同意達成妥協

認識語源讓學習更輕鬆！

compromise 結合自 com-（一起）+ -promise（約定），一起做出約定，就是「妥協、協議」。由於妥協需要讓步，因而延伸出「讓步、不堅持」的意思。讓步太多，就是違背原則，「危及、危害」的意思。

★★★

(adj.) 相當的   significant

considerable
[kən`sɪdərəbəl]

considerably
(adv.) 相當地、非常多地

Antoni Guadi's love of nature had a **considerable** influence on his architecture.
安東尼‧高第對大自然的熱愛，在他的建築作品中產生相當大的影響。

必考！Collocations

considerable damage 相當大的損失
considerable reduction 大降價
considerable disagreement 相當大的意見分歧
considerable debates 相當多的爭論

lack
★★★

[læk]

(n.) 缺乏、匱乏

A **lack** of fiber in one's diet can lead to serious digestive issues.

飲食中缺乏纖維質，會導致嚴重的消化問題。

必考！Collocations

a lack of 不足的、缺乏～

(v.) 缺少

The education reform did not pass because it **lacked** support from conservative voters.

教育改革沒有通過，是因為缺乏保守選民的支持。

必考！Collocations

lack the knowledge 知識不足
lack the resource 資源不足

refer
★★★

[rɪ`fɜ]

reference
(n.) 提到、參考、參照

(v.) 提到、與～相關　　　　　　　**call, be known**

Nuclear weapons are **referred** to as a threat to the entire human race.

核武器被認為是對全人類的威脅。

必考！Collocations

be referred to ~ 被提及、和～有關
be referred to as ~ 被稱為～、被認為
referred pain 轉移痛、牽涉痛（身體出現痛覺的部位，和實際患病部位不同）

obey
★★

[ə`be]

obedient
(adj.) 聽話的、服從的

(v.) 服從、遵從　　　　　　　　　　**follow**

Sea captains need to **obey** international regulations during navigation.

船長在航行過程中，必須遵守國際規定。

必考！Collocations

obey regulations 遵從規定、遵守法規

★★★

prompt
[prɑmpt]

promptly (adv.) 立刻地

(adj.) 即刻的 — immediate

Customers are offered incentives to encourage **prompt** payment of monthly utility bills.
提供客戶優惠方案，以鼓勵迅速支付每月水電帳單。

> **必考！Collocations**
>
> prompt changes 迅速改變
> prompt attention 即刻辦理
> prompt payment 立即付款

(v.) 促使、激發（行為）

The rising number of road accidents prompted the **government** to reduce the speed limit on highways.
持續增加的交通事故件數，促使政府降低高速公路的最高車速限制。

(n.)（告知台詞）提詞

Some stage actors require a **prompt** from the director when they forget their lines.
有些舞台劇演員忘記台詞的時候，需要導演提詞。

★

accuse
[ə`kjuz]

(v.) 指控

The electronics company was **accused** of exploiting its factory workers.
那家電子公司被指控剝削工廠員工。

> **必考！Collocations**
>
> be accused of ~ 被控訴～、被指控～

★★★

possess
[pə`zɛs]

possession
(n.) 擁有、所有物

(v.) 擁有 — own

Within a few years, robots will **possess** lifelike human characteristics and be employed in several hospitality industries.
在幾年之內，機器人將擁有逼真的人類特性，並受僱於多家飯店業者。

178

invasion

[ɪn`veʒən]

invade (v.) 侵略

invasive
(adj.) 侵襲的、侵入的

(n.) 侵略、入侵

The economic crash resulted in an **invasion** of young adults into the army.

經濟不景氣導致年輕人湧入從軍。

---

refuse

[rɪ`fjuz]

refusal (n.) 拒絕、謝絕

(v.) 拒絕、謝絕   **reject**

With some exceptions, people have the right to **refuse** medical treatment.

除了某些例外情況外，人們有權拒絕接受治療。

必考！Collocations

refuse to do ~ 拒絕做~

Day
12

Quick Review

I 請找出各單字對應的意思並連起來。

1.	obey	①	爬蟲類
2.	accuse	②	扭曲的
3.	reptile	③	妥協、（原則等）讓步、危及
4.	distorted	④	服從、遵從
5.	invasion	⑤	明顯的、有記號的
6.	marked	⑥	指控
7.	concrete	⑦	侵略、入侵
8.	command	⑧	暴露、被揭示的真相
9.	compromise	⑨	占有、掌握
10.	revelation	⑩	具體的、混凝土的

II 請找出各單字對應的近義字並連起來。

11.	properly	⑪	standard
12.	loan	⑫	significant
13.	envy	⑬	reject
14.	extremely	⑭	very
15.	possess	⑮	immediate
16.	ordinary	⑯	correctly
17.	avoid	⑰	jealousy
18.	prompt	⑱	debt
19.	refuse	⑲	prevent
20.	considerable	⑳	own

解答

1. ④ 2. ⑥ 3. ① 4. ② 5. ⑦ 6. ⑤ 7. ⑩ 8. ⑨ 9. ③ 10. ⑧
11. ⑯ 12. ⑱ 13. ⑰ 14. ⑭ 15. ⑳ 16. ⑪ 17. ⑲ 18. ⑮ 19. ⑬ 20. ⑫

🎧 **024** **仔細聽音檔並閱讀單字，學習完成在框中打 ✓**

☐ **profit** [`prɑfɪt]
(n.) 益處、利益　(v.) 得到好處、利益

☐ **retail** [`ritel]
(n./v.) 零售　(adj.) 零售價格的

☐ **compliment** [`kɑmpləmənt]
(n./v.) 讚美

☐ **peril** [`pɛrəl]
(n.) 危險　(v.) 陷入危險

☐ **abuse** [ə`bjus]
(n./v.) 濫用、虐待

☐ **trick** [trɪk]
(n.) 詭計、惡作劇　(v.) 欺騙、捉弄

☐ **decay** [dɪ`ke]
(n./v.) 腐蝕；衰敗

☐ **portrait** [`portret]
(n.) 肖像畫　(v.) 描繪、描寫

☐ **premiere**
[prɪ`mjɛr](US) [`prɪmiɛə](UK)
(n./v.) 首映、初次演出

☐ **spare** [spɛr]
(v.) 撥出、抽出（時間、金錢）
(adj.)（時間、金錢）額外的、備用的

☐ **rescue** [`rɛskju]
(n./v.) 拯救、救援

☐ **surplus** [`sɝpləs]
(n.) 餘額、盈餘　(adj.) 過剩的、剩餘的

☐ **leak** [lik]
(n./v.) 漏洞；洩漏

☐ **solitary** [`sɑlə͵tɛrɪ]
(n.) 獨居者　(adj.) 獨自的

☐ **fume** [fjum]
(n.) 煙霧　(v.) 生氣、發怒

☐ **illiterate** [ɪ`lɪtərɪt]
(n.) 文盲　(adj.) 文盲的

☐ **trigger** [`trɪgɚ]
(n.)（槍）板機　(v.) 觸發

☐ **probe** [prob]
(n.) 調查；探測機　(v.) 調查、偵訊

☐ **dispute** [dɪ`spjut]
(n.) 爭論、糾紛
(v.) 對～有異議、不贊成

☐ **upset** [`ʌpsɛt](n.) [ʌp`sɛt](v./adj.)
(n.) 混亂、窘境
(v./adj.) 使心煩；沮喪、生氣的

Memo

IELTS Vocab
學習計畫

✓ **勾選出認識的單字，寫上中文意思。**

- ☐ authentic
- ☐ carved
- ☐ relate
- ☐ mundane
- ☐ rodent
- ☐ alter
- ☐ individual
- ☐ outrageous
- ☐ occupy
- ☐ depiction
- ☐ distressing
- ☐ probable
- ☐ fertile
- ☐ apprentice
- ☐ significant

- ☐ settle
- ☐ largely
- ☐ intensive
- ☐ appointment
- ☐ revise
- ☐ afraid
- ☐ plough
- ☐ catastrophic
- ☐ drought
- ☐ profitable
- ☐ consistent
- ☐ substance
- ☐ incongruity
- ☐ strand
- ☐ insular

authentic

★★

authentic

[ɔˋθɛntɪk]

authenticate
(v.) 鑑定是真品
authenticity (n.) 正統

(adj.) 道地的、真實的

Chef Ramirez cooks in the **authentic** style he learned from his grandmother.

主廚拉米雷斯以向他祖母學習的道地方式料理食物。

大數據分析出題重點

authentic 雅思以「跟真的一樣的」的字義出題。

---

carved

★

carved

[kɑrvd]

carving
(n.) 雕刻品、雕刻技藝

(adj.) 有雕刻的

The north-facing wall features several **carved** images depicting characters from Greek myth.

希臘神話中的人物雕像是這北面牆的特色。

必考！Collocations

carved monuments 雕刻的紀念物

---

relate

★★★

relate

[rɪˋlet]

relatively (adv.) 相對地
related (adj.) 有關的
unrelated (adj.) 無關的

(v.) 與～有關　　reflect, concern, associate

Distinct architecture also **relates** to the availability of materials in the times.

獨特的建築也和那個時代可取得的材料有關。

必考！Collocations

be closely related to ~ 與～緊密相關

大數據分析出題重點

以下是分詞形容詞 related 的相關 collocation，常在雅思考題中出現。
- age-related 與年齡有關的
- work-related 與工作有關的

---

mundane

★★★

mundane

[mʌnˋden]

(adj.) 平凡的、平常的

Even the most **mundane** home repairs can save thousands of euros by preventing further problems.

即使是最普通的房屋維修也能預防日後的問題，進而省下數千歐元。

(n.) 齧齒類

rodent
[`rodənt]

The restaurant was forced to close after the health inspector discovered **rodents** in the food storage area.

衛生檢驗員在食物儲存區發現齧齒類動物後，那家餐廳被迫歇業。

(v.) 改變   **change**

alter
[`ɔltɚ]

alteration
(n.) 變化、改造
altered (adj.) 改變的

The president's advisors hoped that his speech would **alter** public opinion about the tax increases.

顧問們希望總統的演説能改變大眾對於增税的看法。

必考！Collocations

alter drastically 徹底改變
alter fundamental procedures 改變基本程序
alter one's viewpoint 改變某人的觀點

Day
13

(adj.) 各自的   **separate**

individual
[ˌɪndəˈvɪdʒʊəl]

individually
(adv.) 個別地、各自地

Over ten years, the research team made more than 200 **individual** journeys to the summit.

過去十多年來，這個研究小組已經進行了共 200 多次的個別攻頂之旅。

(adj.) 個人的   **personal, private**

Strength training exercises may be altered to suit **individual** preferences.

重量訓練運動可依照個人的喜好進行變更。

┌─ **大數據分析出題重點** ─┐

individual 也可做名詞使用，意思是「個人」。
• individuals and groups 個人和團體

★

outrageous

[aʊtˋredʒəs]

outrageously
(adv.) 荒唐透頂地

(adj.) 過於反常的、駭人的

Jean-Paul Gaultier's **outrageous** designs shocked many of those who attended his fashion shows.

尚－保羅・高緹耶大膽、奇異的設計，震驚許多在場參加服裝秀的人。

★★

occupy

[ˋɑkjəˌpaɪ]

occupancy
(n.)（居住、床位）
占據使用率

(v.) 占據

The largest unit in the mall is **occupied** by Derringer Department Store, which was established in 2010.

那家購物中心裡最大的賣場空間是成立於 2010 年的德林格百貨公司。

(v.) 使～忙於

Medical practices often provide a selection of magazines and toys so that patients and children are **occupied** while waiting to see a doctor

醫療診所通常會提供多種雜誌和玩具，好讓患者和兒童在等候看診的時候有事做不會無聊。

> **英式 vs. 美式**
>
> [o] 的發音，英式發 [ɔ]，美式發 [ɑ]，因此 occupy 的英式發音為 [ˋɔkjəˌpaɪ]，美式發音為 [ˋɑkjəˌpaɪ]。

★★★

depiction

[dɪˋpɪkʃən]

depict (v.) 描繪、描寫

(n.)（文字、繪畫）描寫　　　**portrait**

Some Mayan sculptures and paintings are rumoured to be **depictions** of extraterrestrial beings.

馬雅人的部分雕刻和繪畫，據說描繪的是外星生物。

★

distressing

[dɪˋstrɛsɪŋ]

(adj.) 使人痛苦的、悲慘的　　**unpleasant, painful**

The current generation's disinterest in the performing arts is **distressing** to those trying to keep theatre relevant.

當下世代對於表演藝術漠不關心，令那些試圖想賦有戲劇意義的人們苦惱不已。

★★   (adj.) 可能的   **likely**

probable

[`prɑbəbəl]

improbable
(adj.) 不大可能的

Although outbreaks of the Ebola virus disease are rarely seen outside of Africa, it is **probable** that some cases will occur due to an increase in global travel.

伊波拉病毒疾病很少發生在非洲以外的地區，但由於海外旅遊增加，有些病例很可能因此發生。

必考！Collocations

it is probable that ~ 有可能會～

 ★★★   (adj.) 肥沃的

fertile

[`fɜtəl]

infertile (adj.) 貧瘠的

The land in the river valley was **fertile**, so many farmers moved to the region.

河谷的土地肥沃，因此許多農民都移居到那個地區。

必考！Collocations

a fertile land 一片沃土

> **英式 vs. 美式**
>
> 形容詞語尾 -ile 的發音，英式讀作 [aɪl]，美式讀作 [əl]，因此 fertile 的英式發音為 [`fɜ(r)taɪl]，美式發音為 [`fɜtəl]。

 ★★   (n.) 學徒、見習生   **trainee, probationer**

apprentice

[ə`prɛntɪs]

apprenticeship
(n.) 學徒期、學徒身分

Students in the professional course will work as an **apprentice** for two years alongside the completion of their coursework.

專業課程的學生除了完成他們的課業之外，也將以見習生的身分工作實習兩年。

★★★   (adj.) 相當的、重要的
                important, major, profound

significant

[sɪg`nɪfəkənt]

significance
(n.) 重要性、意義

significantly
(adv.) 重要地

A consumer study found that the brand of motor oil had a **significant** effect on the lifespan of an engine.

一項消費者研究發現，這個機油品牌對引擎壽命有相當重大的影響。

settle

[`sɛtəl]

settlement
(n.) 協議、和解
settler (n.) 定居者

(v.) 定居   populate

The pioneers decided to **settle** on the plains for their fertile soil.

開拓者為了肥沃的土壤而決定定居於平原地區。

必考！Collocations

be settled in ~ 安居於～、安定下來

(v.) 解決   solve

Most office managers undergo training on how to **settle** disputes between staff members.

大部分的公司管理階級都受過解決員工糾紛的訓練。

(v.) 支付   pay

When checking out, hotel guests are asked to **settle** bills for room service and minibar items.

在退房的時候，飯店會要求顧客支付客房服務和小型冰箱食品費用。

---

largely

[`lɑrdʒlɪ]

(adv.) 主要地、大多   mostly, mainly

In the end, the Tech-7 Expo was a financial disaster, which was **largely** because the event organisers misled investors about the show's expected earnings.

Tech-7 博覽會最終成為一場金融災難，最主要是因為活動主辦單位，誤導投資者博覽會的預期收益。

必考！Collocations

largely due to 主要是由於～

> **大數據分析出題重點**
>
> large 可當副詞，表達「宏觀地」，和 largely 的意思不同。例如，Dream large, think large. 表達「雄心壯志、思想宏觀」時，要用 large 才適當。
> • Dream large! (O)
> • Dream largely! (X)

intensive

★★★

intensive

[ɪn`tɛnsɪv]

intensively
(adv.) 集中地

(adj.) 密集的

New recruits to the military must go through six weeks of **intensive** training.
軍隊的新兵必須經過 6 個禮拜的密集訓練。

 必考！ Collocations

labour intensive tasks 勞力密集工作

---

appointment

★★★

appointment

[ə`pɔɪntmənt]

appoint (v.) 任命、指定

(n.) 預約　　　　　　meeting, arrangement

We recommend scheduling an **appointment** at least six months in advance.
我們建議至少提前 6 個月預約。

必考！ Collocations

make an appointment 預約

大數據分析出題重點

disappointment 是「失望」的意思，和 appointment「約定」毫無關係。disappointment 可與 concern（擔心）釋義改寫。

(n.) 任命

The new CEO will review the current management staff and make **appointments** for executive positions by next month.
新任執行長將對現任的管理階層員工進行評估，並在下個月以前任命高階行政主管。

---

revise

★★

revise

[rɪ`vaɪz]

revision (n.) 修訂；複習

(v.) 修正、更改　　　　　　amend

The publisher asked the writer to **revise** the ending of his novel.
出版社要求作家修改小說的結尾。

 必考！ Collocations

revise one's opinion 改變意見

| ★★★ | (adj.) 害怕的、感到恐懼的 | **frightened** |

afraid
[ə`fred]

The actor's unpredictable behaviour made his manager **afraid** to have him appear on live stages.

這名演員無法預測的行為，使他的經紀人害怕讓他上現場演出的舞台。

必考！Collocations

be afraid of ~ 害怕～
be afraid to do ~ 害怕做～

| ★ | (n.) 犁 |

plough
[plaʊ]

The invention of the **plough** allowed European farmers to grow crops in areas that had fertile but thick clay soil.

犁的發明，使歐洲農民能在肥沃黏質土地種植穀物。

(v.)（儘管艱難也）繼續堅持

Tech companies **plough** ahead with releasing new models of their products, even if they aren't that much better than previous ones.

即使與之前的產品相比，沒有大幅升級，電子科技公司還是繼續推出新機種。

必考！Collocations

plough ahead with 繼續進行
ploughed areas 開墾地區

大數據分析出題重點

plough 原指「犁田」，撒種前用犁耕耘田地。引伸為辛苦付出，努力地「進行某事」，儘管艱難也要「堅持、繼續」。這兩種字義都曾出現在雅思考題中。
「犁田」可用 cultivate（栽培）釋義改寫。

英式 vs. 美式

英式拼寫為 plough，美式為 plow。

| ★ | (adj.) 大災難的、悲慘的 |

catastrophic

[ˌkætəˋstrɑfɪk]

catastrophe
(n.) 大災難、困境

The new tariffs could have a **catastrophic** effect on Japan's fishing industry.

新關稅可能帶給日本漁業災難性的影響。

> **大數據分析出題重點**
>
> 在描述非常糟糕的情況時使用 catastrophic，以下是雅思常見的近義字。
> - disastrous 災難的、悲慘的
> - calamitous 災難的、悲慘的

> **認識語源讓學習更輕鬆！**
>
> catastrophic 結合自 cata-（向下）+ stroph-（轉）+ -ic（形容詞字尾），有意料之外、突然推翻之意，衍生為「破壞性、災難的」的意思。

| ★★ | (n.) 乾旱 |

drought

[draʊt]

Efficient irrigation systems have helped protect residents around the Mekong River from frequent flooding and **drought**.

有效的灌溉系統，有助於保護湄公河周邊的居民免於頻繁的洪水和乾旱。

必考！Collocations

flooding and drought 洪水和乾旱
harsh drought cycles 嚴酷的乾旱週期

| ★★ | (adj.) 有利潤的 |

profitable

[ˋprɑfɪtəbəl]

profit
(n.) 盈利、利潤
(v.) 獲利

The small sandwich shop was developed into a highly **profitable** restaurant franchise.

這家小三明治店發展成一家高獲利的餐廳加盟店。

必考！Collocations

highly/less profitable 高／低獲利的

★★

consistent

[kən`sɪstənt]

consistency (n.) 一致性

consistently
(adv.) 持續地

inconsistent
(adj.) 易變、反覆無常的；
不一致的

(adj.) 一貫的、始終如一的　　**steady, constant**

A common feature among top tech companies is that they are **consistent** in releasing high-quality products.

頂尖科技公司的共同特點是，始終推出高品質的產品。

必考！Collocations

consistent quality 始終如一的品質

(adj.) 一致的　　**fit**

Many of Piaget's findings were **consistent** with Freud's theory of cognitive development.

皮亞傑的許多發現和佛洛依德的認知發展理論一致。

★★

substance

[`sʌbstəns]

(n.) 物質

When attacked, an octopus squirts ink and releases a **substance** that dulls the attacker's sense of smell.

受到攻擊時，章魚會噴出墨汁，並釋放出使攻擊者的嗅覺變遲鈍的物質。

★

incongruity

[ˌɪnkɑŋ`gruətɪ]

incongruous
(adj.) 不協調的

(n.) 不協調、不合適
　　inappropriateness, incompatibility

Fans of the series posted on the Internet to share their displeasure over the adapted film's obvious **incongruities**.

該系列電影的粉絲們在網路上刊文，對改編電影明顯不符邏輯的地方表示不滿。

必考！Collocations

critical incongruities 關鍵的不一致

認識語源讓學習更輕鬆！

incongruity 結合自 in（否定）+ congruity（協調、合適、一致），意思是「不協調、不合適、不一致」。

★

strand
[strænd]

(v.) 滯留、使陷於困境;使擱淺

On average, around 300 whales and dolphins are **stranded** on New Zealand's beaches every year.

平均每年約有 300 隻鯨魚和海豚被擱淺困在紐西蘭的海灘上動彈不得。

必考! Collocations

be stranded on the shore 擱淺在岸邊

> ─ **大數據分析出題重點** ─
> 海豚和鯨魚擱淺在海岸邊,因最終無法返回大海而死亡,是雅思常見的主題。以下是相關用語。
> • mass strandings 鯨豚在集體擱淺死亡

(n.) (線、繩等的)縷、股; (構成整體的)一個組成部分

As humans age, most will begin to notice the appearance of grey **strands** of hair and facial wrinkles.

隨著年齡增長,大多數的人會開始注意到,一撮撮白髮和臉部皺紋的出現。

必考! Collocations

politics as a major strand 作為主修科目之一的政治學

Day
13

★

insular
[ˋɪnsələ]

insularity
(n.) 島國根性、狹隘

(adj.) 島的、與島有關的

The travel magazine selects the top five remote and **insular** destinations every year.

這本旅遊雜誌每年都會精選出前五名偏遠的島嶼旅遊目的景點。

必考! Collocations

insular areas 島嶼地區、島嶼區域

> ─ **大數據分析出題重點** ─
> 島嶼是被孤立的地區,因此 insular 延伸為「排他的、狹隘的」意思。insular views 可解釋為「狹隘的觀點」,linguistic insularity 則為「語言上的排他性」。

I 請找出各單字對應的意思並連起來。

1.	authentic	①	各自的、個人的
2.	appointment	②	預約、任命
3.	fertile	③	定居、解決、支付
4.	rodent	④	平凡的、平常的
5.	mundane	⑤	與～有關
6.	settle	⑥	正統的、真貨的
7.	plough	⑦	齧齒類
8.	substance	⑧	物質
9.	relate	⑨	犁、（儘管艱難也）繼續堅持
10.	individual	⑩	肥沃的

II 請找出各單字對應的近義字並連起來。

11.	consistent	⑪	change
12.	probable	⑫	unpleasant
13.	apprentice	⑬	important
14.	largely	⑭	portrait
15.	distressing	⑮	amend
16.	depiction	⑯	steady
17.	revise	⑰	likely
18.	alter	⑱	frightened
19.	significant	⑲	trainee
20.	afraid	⑳	mostly

解答

1. ⑥ 2. ② 3. ⑩ 4. ⑦ 5. ④ 6. ③ 7. ⑨ 8. ⑧ 9. ⑤ 10. ①
11. ⑯ 12. ⑰ 13. ⑲ 14. ⑳ 15. ⑫ 16. ⑭ 17. ⑮ 18. ⑪ 19. ⑬ 20. ⑱

🎧 **026** 仔細聽音檔並閱讀單字，學習完成在框中打 ✓

☐ **calmly** [`kɑmlɪ]
冷靜地

☐ **afterwards** [`æftəwədz]
後來

☐ **erratically** [ɪ`rætɪklɪ]
古怪地

☐ **superficially** [ˌsupə`fɪʃəlɪ]
表面地、膚淺地

☐ **roughly** [`rʌflɪ]
概略地、大約

☐ **overseas** [ˌovə`siz]
在海外

☐ **fairly** [`fɛrlɪ]
相當地、很

☐ **partially** [`pɑrʃəlɪ]
部分地

☐ **seldom** [`sɛldəm]
幾乎不～

☐ **drastically** [`dræstɪkəlɪ]
劇烈地

☐ **door to door**
挨家挨戶地

☐ **accidentally** [ˌæksə`dɛntəlɪ]
意外地

☐ **steeply** [`stiplɪ]
陡峭地

☐ **beforehand** [bɪ`forˌhænd]
事先、提前

☐ **approximately** [ə`prɑksəmɪtlɪ]
大約

☐ **unpredictably** [ˌʌnprɪ`dɪktəbəlɪ]
出乎預料地

☐ **meticulously** [mə`tɪkjələslɪ]
嚴謹地、仔細地

☐ **punctually** [`pʌŋktʃuəlɪ]
準時地、守時地

☐ **forward** [`fɔrwəd]
向前地

☐ **exceptionally** [ɪk`sɛpʃənəlɪ]
格外地

Memo

IELTS Vocab
學習計畫

✓ **勾選出認識的單字，寫上中文意思。**

- ☐ attitude
- ☐ strike
- ☐ contingent
- ☐ pervasive
- ☐ insect
- ☐ demand
- ☐ sort
- ☐ undertake
- ☐ detect
- ☐ opt
- ☐ facility
- ☐ criticise
- ☐ criterion
- ☐ devise
- ☐ contain

- ☐ esteem
- ☐ superior
- ☐ rigorous
- ☐ inhibit
- ☐ either
- ☐ journey
- ☐ civilisation
- ☐ resistance
- ☐ appearance
- ☐ including
- ☐ pasture
- ☐ replicate
- ☐ indicative
- ☐ engage
- ☐ disturb

| ★★★ | (n.) 態度、看法 | view |

attitude
[ˋætətjud]

The latest opinion poll indicates a surprising difference between the older and younger generations in their **attitudes** toward gender equality.

最近民意調查顯示，老年人和年輕一代對於性別平等的態度，存在著令人驚訝的差異。

必考！Collocations

attitudes to ~ 對～的態度
social attitude 社會態度

| ★★★ | (v.) 使感動 |

strike
[straɪk]

striking (adj.)
引人注目的、驚人的

The audience was **struck** by the play's realistic portrayal of daily life during the Great Famine in Ireland.

劇中愛爾蘭大饑荒時期日常生活的真實寫照，深刻地感動觀眾。

(n.) 罷工

The **strike** at the watch factory resulted in an 80 percent decrease in productivity.

那家鐘錶工廠的罷工導致生產率降低 80%。

| ★ | (adj.) 難以預料的、偶發的 |

contingent
[kənˋtɪndʒənt]

contingency
(n.) 偶發事件

New business owners are advised to allocate funds for **contingent** expenses such as emergency repairs and equipment failures.

建議新創企業家為應急維修和設備故障等意外開支，分配撥出資金。

必考！Collocations

contingent movement 偶發性的活動

大數據分析出題重點

以下單字可作為 contingent 反義字替換改寫。
• static 固定的、靜止的
另外，形容詞 contingent 也有「視～而定的」的意思。
• contingent on 視某條件而定

198

| ★ | (adj.) 瀰漫的、普遍的 |

pervasive

[pə`vesɪv]

pervade (v.) 瀰漫

The director's influence on modern film is so **pervasive** that viewers don't even notice it anymore.

這位導演的影響如此普遍存在於現代電影中,以致於觀眾甚至都沒有注意到其影響的特殊之處了。

認識語源讓學習更輕鬆!

pervade 由 per-(貫穿、完全)+ -vade(去,來自拉丁文 vadere)組成,基本字義是「完全存在於所有地方」,並衍生為「瀰漫、遍及」的意思。

| ★★ | (n.) 昆蟲 |

insect

[`ɪnsɛkt]

insecticide (n.) 殺蟲劑

Customs carefully controls the entry of fruit and vegetables into the country because of the risk of introduced **insects**.

由於引入外來昆蟲的風險,海關嚴密地控制水果和蔬菜進入該國。

必考! Collocations

insect larvae 昆蟲的幼蟲

| ★★★ | (n.) 需求 | need |

demand

[dɪ`mænd]

The popularisation of curling led to the growing **demand** for a professional sports organisation.

冰壺的風潮,引發專業運動機構的需求增加。

Day
14

必考! Collocations

meet demand 滿足需求、符合要求
in demand 有需求的
demand of ~ ～的需求

| (v.) 要求 | order |

Finding the novel too violent for children, the parent organisation **demanded** it be removed from the school library.

由於發現這本小說對兒童過於暴力,家長組織要求將它從學校圖書館移除。

★★★	(n.) 種類	type, kind, class, category

sort
[sɔrt]

The interior decorator recommended different **sorts** of materials for the kitchen counter.

室內設計師為廚房流理台，推薦了不同種類的材料。

必考！Collocations

a sort of ~ 某種～
all sorts of ~ 各式各樣的～

> **大數據分析出題重點**
>
> all sorts of 特別常出現在聽力測驗，意思是「所有種類」，可以和 every type 互相釋義改述。

(v.) 把～分類

At some recycling stations, plastics are **sorted** based on their SPI code.

在一些回收站，塑膠是依照它們的 SPI 三角形號碼標誌來做分類。

必考！Collocations

sort out 歸類；解決

★★★	(v.) 開始做、著手

undertake
[ˌʌndəˈtek]

The initial construction work for the new stadium had been **undertaken** by a local company.

一家當地公司開始著手，進行新體育館的前期工程作業。

★★	(v.) 偵測、發現	discover, find

detect
[dɪˈtɛkt]

detection
(n.) 偵測、探測
detective (n.) 偵探

Airport security staff are testing new scent-analysing technology to **detect** drugs on passengers.

機場安全人員正在測試新的氣味分析技術，以偵測出乘客身上的毒品。

必考！Collocations

detect disease 發現疾病
detect possible problems 偵測可能發生的問題

★★

opt
[ɑpt]

option (n.) 選項

(v.) 選擇   **choose, select**

Some of the more adventurous travelers chose not to fly and **opted** instead to make the 10-day train journey across the continent.

有些較喜歡冒險的旅客不搭飛機，而是選擇坐 10 天的火車，橫越大陸。

必考！Collocations

opt instead 反而選擇～
opt for ~ 選擇～
opt out ~ 選擇退出～

大數據分析出題重點

opt（選擇）可用以下字彙釋義改述。
- like 喜歡
- prefer 偏好
- desire 想要

★★★

facility
[fə`sɪlətɪ]

(n.) 設施

The apartment complex has recreational **facilities**, including a swimming pool and a movie theatre.

公寓大樓裡有娛樂設施，包括游泳池和電影院。

必考！Collocations

leisure facilities 休閒設施
nurture facilities 養育設施
facility available 可供使用的設施

Day
14

★★★

criticise
[`krɪtə͵saɪz]

criticism
(n.) 批評、批判

(v.) 批評、指責   **condemn, blast**

The director's latest movie was **criticised** for lacking the powerful performances that characterised his earlier works.

這位導演最近的一部電影，被批評缺乏早期作品中特有的強而有力表現。

必考！Collocations

be criticised for ~ 因～受到批評

★★

criterion

[kraɪ`tɪrɪən]

criteria (plural)
基準、標準

(n.) 基準

There is a strict set of **criteria** immigrants must meet in order to secure a valid work visa.

為了獲得有效的工作簽證，移民者必須符合一整套嚴格的資格標準。

必考！Collocations

meet criteria 符合標準、達到標準
criterion for ~ ～的標準

大數據分析出題重點

criterion 複數型為 criteria，並非直接加 -s，且複數型出題頻率比單數型更高。

★★

devise

[dɪ`vaɪz]

(v.) 設計　　　　　formulate, invent

Community volunteers **devised** a plan to reduce the amount of waste in the river.

社區志工設計計畫，以減少河流的垃圾量。

★★★

contain

[kən`ten]

container (n.) 容器
containment (n.) 阻止、牽制（有害的事物）

(v.) 包含、含有　　house, share, consist of

Because of globalisation, most brand names around the world now **contain** an assortment of English words.

由於全球化，現在世界上大多數的品牌名稱，含有各種英文詞彙。

★★

esteem

[ɪs`tim]

esteemed (adj.)
受人尊重的、受好評的
self-esteem (n.) 自尊心

(n.) 尊敬　　　　　　　　　　respect

Alan Turing was held in high **esteem** by his peers at the National Physical Laboratory.

艾倫・圖靈備受英國國家物理實驗室的同事們尊敬。

必考！Collocations

be held in esteem 受到尊敬

大數據分析出題重點

esteem 也做動詞使用，意思是「尊敬」。

| **superior** | (adj.) 優秀的、上級的 | **better** |

[sə`pɪrɪə]

superiority (n.) 優越性

A report with visual aids is **superior** to one with only text.

包含視覺輔助資料的報告，比只有文字的報告更優秀。

必考！Collocations

superior to ~ 優於～

| | (n.) 上級、上司 | **manager** |

Inform your **superiors** of your career goals so that they consider you when it is time for promotions.

請將你的職業目標告知你的上司，以便他們在升遷的時候考慮到你。

| **rigorous** | (adj.) 嚴格的 | **strict** |

[`rɪɡərəs]

rigorously (adv.) 嚴格地

Aircraft are only given authorisation to take off after they have undergone a **rigorous** safety check.

只有在經過嚴格的安全檢查之後，飛機才能授權起飛。

| **inhibit** | (v.) 抑制 | **interfere with** |

[ɪn`hɪbɪt]

inhibition (n.) 抑制

disinhibition (n.) 消除抑制

Medications have been developed to **inhibit** the activity of hormones related to depression.

用於抑制憂鬱症相關激素的活性藥物已被開發。

Day
14

| **either** | (adv.) （兩者中）其中一個 | |

[`iðə]

neither (adv.) 兩者都不是

Crops affected by drought **either** die or are damaged to such an extent that they are unfit for sale or consumption.

受乾旱影響的作物，不是死亡就是受損到不適合銷售或食用的程度。

英式 vs. 美式

英式發音為 [`aɪðə]，美式發音為 [`iðə]。

journey
[ˋdʒɝnɪ]

(n.) 旅行　　　　　　　　　　　　　**tour, travel**

The Arctic tern endures an incredible **journey** from the Arctic all the way to Antarctica.
北極燕鷗從北極一路到南極,經歷了一段驚奇旅程。

必考! Collocations

a journey to ~ 到～的旅行

大數據分析出題重點

雅思常見的旅行單字 travel、trip、journey 等,以下是意義的差異。
- travel 一般的旅行
- trip 短時間的旅行
- journey 長途旅程

★★

civilisation
[ˌsɪvəlaɪˋzeʃən]

(n.) 文明

South America was home to multiple advanced **civilisations**, including the Mayans and the Incans.
南美洲是多種先進文明的發源地,包括馬雅、印加文明。

英式 vs. 美式

英式拼寫為 civilisation,美式拼寫為 civilization。

★★

resistance
[rɪˋzɪstəns]

resist (v.) 反抗、反對

resistant (adj.)
有抵抗力的、耐～的

(n.) 抵抗、反對

There continues to be intense **resistance** to gun control measures in the United States.
在美國,槍枝管制措施持續受到強烈反對。

必考! Collocations

resistance to ~ 對～的抵抗

大數據分析出題重點

形容詞 resistant(耐～的)常見於解答線索句中,以下是相關搭配詞 (collocations)。
- water resistant 防水的
- chemical resistant 耐化學物質的

★★★

appearance
[əˋpɪrəns]

disappearance
(n.) 消失、滅絕

(n.) 外觀、外貌

Doctors can detect some health conditions, such as high blood pressure or thyroid disease, through the **appearance** of the patient's eyes.

醫生可透過病人的眼睛外觀,發現一些像高血壓或甲狀腺疾病的健康狀況。

必考!Collocations

personal appearance 個人外貌

┌─ **大數據分析**出題重點 ─

雅思經常使用其他字彙釋義改寫,題目裡意指「外貌」的 appearance 會用以下詞彙替換改述。
- look like 看起來像
- physiognomy 相貌、容貌

(n.) 演出、出場

Lionel Messi made his first professional **appearance** with FC Barcelona in 2003.

2003 年里奧・梅西首次為 FC 巴塞隆納出戰職業比賽。

必考!Collocations

make an appearance 演出、出場

★★★

including
[ɪnˋkludɪŋ]

(prep.) 包含～

Most private courier companies will complete a delivery on any day of the year, **including** public holidays and weekends.

大多數私人快遞公司在年中的任何一天都會完成配送,包括國定假日和週末。

Day
14

★★

pasture
[ˋpæstʃɚ]

(n.) 牧草地

Settlers moving westward were eager to start farms on the wide **pastures** that spread across the plains.

移居者向西遷徙,渴望在遍布於平原的廣闊草地上,開始農耕。

★★

replicate

[ˈrɛplɪˌket]

replication (n.) 複製

replica
(n.) 複製品、贗品

(v.) 重複、複製　　　　　　　　　　reproduce, copy

Astronauts are training free fall in a special airplane in order to **replicate** the zero-gravity environment of space.

為了模擬宇宙的無重力環境，太空人在一架特殊的飛行器上進行自由落體訓練。

★

indicative

[ɪnˈdɪkətɪv]

indicate (v.) 顯示、指出

(adj.) 標示～的、表明的

A child's delayed speech development can be **indicative** of dyslexia.

兒童語言發育遲緩，可能是閱讀障礙的徵兆。

必考！Collocations

indicative of ~ 表明～的

★★★

engage

[ɪnˈgedʒ]

engagement
(n.) 訂婚；約定；交戰

(v.) 參與、從事　　　　　　　　　　　　involve

Our organisation is **engaged** in improving communication between medical professionals and the public.

我們機構從事改善醫療專家和一般大眾之間的溝通。

必考！Collocations

be engaged in ~ 從事～
engage with ~ 與～銜接；與～交戰

認識語源讓學習更輕鬆！

engage 結合自 en-（向內）+ -gage（誓約），有關係緊密連結的意思，根據關係可延伸出以下的字義。
- 職業相關：從事、參與
- 人與人之間：約定
- 戀人之間：訂婚
- 敵國之間：交戰

★★   (v.) 干擾   **disrupt, bother**

disturb

[dɪsˋtɝb]

disturbance
(n.) 干擾、騷亂

disturbing (adj.)
使人震驚的、令人不安的

The plant species flourishes in sandy soil with no large rocks that would **disturb** the growth of roots.

在沒有大石頭妨礙根部生長的砂質土壤裡，這種植物長得很茂盛。

Day
14

Quick Review

I 請找出各單字對應的意思並連起來。

1.	detect	①	態度、看法
2.	pasture	②	重複、複製
3.	contingent	③	偵測、發現
4.	sort	④	種類、把～分類
5.	replicate	⑤	難以預料的、偶發的
6.	indicative	⑥	牧草地
7.	undertake	⑦	基準
8.	criterion	⑧	表示～的、表明的
9.	attitude	⑨	使感動、罷工
10.	strike	⑩	開始做、著手

II 請找出各單字對應的近義字並連起來。

11.	inhibit	⑪	interfere with
12.	engage	⑫	formulate
13.	demand	⑬	house
14.	disturb	⑭	need
15.	esteem	⑮	manager
16.	rigorous	⑯	choose
17.	opt	⑰	involve
18.	superior	⑱	strict
19.	contain	⑲	disrupt
20.	devise	⑳	respect

解答

1. ③ 2. ⑥ 3. ⑤ 4. ④ 5. ② 6. ⑧ 7. ⑩ 8. ⑦ 9. ① 10. ⑨
11. ⑪ 12. ⑰ 13. ⑭ 14. ⑲ 15. ⑳ 16. ⑱ 17. ⑯ 18. ⑮ 19. ⑬ 20. ⑫

🎧 028 **仔細聽音檔並閱讀單字，學習完成在框中打 ✓**

☐ **protein** [`protiɪn]
蛋白質

☐ **antibiotic** [ˌæntɪbaɪ`ɑtɪk]
抗生素

☐ **carbohydrate** [ˌkɑrbə`haɪdret]
碳水化合物

☐ **leukaemia** [ljə`kimɪə]
白血病

☐ **appetite** [`æpə,taɪt]
食慾

☐ **muscle** [`mʌsəl]
肌肉

☐ **glucose** [`glukos]
葡萄糖

☐ **cartilage** [`kɑrtəlɪdʒ]
軟骨

☐ **longevity** [lɑn`dʒɛvətɪ]
長壽

☐ **taste buds**
（舌尖）味蕾

☐ **symptom** [`sɪmptəm]
症狀

☐ **cancer** [`kænsɚ]
癌

☐ **sore throat**
咽喉發炎

☐ **blood pressure**
血壓

☐ **cough** [kɔf]
咳嗽

☐ **pulse** [pʌls]
脈搏

☐ **lung** [lʌŋ]
肺

☐ **vaccination** [ˌvæksn`eʃən]
接種疫苗

☐ **flu** [flu]
流感

☐ **allergy** [`ælərdʒɪ]
過敏的

Memo

✓ **勾選出認識的單字，寫上中文意思。**

- ☐ distinctive
- ☐ modify
- ☐ notable
- ☐ scatter
- ☐ reflect
- ☐ definite
- ☐ optimism
- ☐ arise
- ☐ necessarily
- ☐ constant
- ☐ victim
- ☐ incident
- ☐ attach
- ☐ instance
- ☐ tremendous

- ☐ amend
- ☐ advantage
- ☐ effort
- ☐ give rise to
- ☐ prey
- ☐ optical
- ☐ intact
- ☐ dull
- ☐ consist
- ☐ intake
- ☐ interfere
- ☐ substitute
- ☐ lay
- ☐ apparent
- ☐ release

distinctive

[dɪ`stɪŋktɪv]

distinctiveness
(n.) 獨特性

distinction (n.) 卓越

(adj.) 獨特的　　**characteristic, unique, special**

The architecture of the cathedral was highly **distinctive** and helped bring countless tourists to the city.

大教堂的建築風格相當獨特，吸引無數的觀光客來拜訪這座城市。

大數據分析出題重點

英國和澳洲大學的評分方式，以 distinction 或 high distinction 表示最佳成績。

★★

modify

[`mɑdə͵faɪ]

modification
(n.) 修改、改變

(v.) 修改、更改　　　　　　　　　　　　　**change**

The accounting programme can be **modified** to suit the needs of any small business.

這個會計程式可被修改，以符合任何小型企業的需求。

必考！Collocations

genetically-modified (GM) 基因改造的

★★

notable

[`notəbəl]

notably
(adv.) 格外地、尤其

(adj.) 值得注意的、有名的

The Queen Victoria Gardens are **notable** for their wide variety of sculptures.

維多利亞女王花園以各式各樣的雕像聞名。

★

scatter

[`skætɚ]

scattered
(adj.) 零落的、散布的

(v.) 分散　　　　　　　　　　　　　　　**spread**

When the glass jar fell, its contents were **scattered** across the kitchen floor.

玻璃罐掉下來時，裡面的東西散落在廚房地板上。

大數據分析出題重點

以下是分詞形容詞 scattered 相關 collocations，常出現在雅思考題中。
- scattered groups 分散的集團
- scattered population 分散的人口

★★

reflect

[rɪ`flɛkt]

reflection
(n.) 反映、反射

reflective
(adj.) 反光的、沉思的

(v.) 反映　　　　　　　　　　　　relate

The writer tried to **reflect** the difficulties of adolescence, such as coping with puberty and surviving bullying at school.

作家試圖反映青少年面臨的困難，例如青春期成長變化與校園罷凌的處理。

 必考！Collocations

reflect contemporary culture 反映當代文化

(v.) 深思

Before starting a thesis, you should **reflect** on what your ultimate goals are for the entire academic year.

在開始寫論文之前，你應該深入思考你整個學年的最終目標是什麼。

★★★

definite

[`dɛfənɪt]

definitely
(adv.) 絕對地、肯定地

definitive (adj.) 最終的

definition (n.) 定義

indefinite (adj.) 不確定的

(adj.) 明確的、確定的

Each part of the plant has a **definite** purpose, ranging from nutritional sustenance to defence against predators.

植物的每個部位都有明確的用途，其範圍從維持營養到防禦捕食者。

★

optimism

[`ɑptəmɪzəm]

optimistic (adj.) 樂觀的

(n.) 樂觀主義、樂觀論　　　　positiveness

The **optimism** of the novel inspired its readers to make positive changes in their lives.

小説的樂觀主義啟發讀者，在生活中做出正向的改變。

┌─ **英式 vs. 美式** ─
│ [o] 的發音，英式發 [ɔ]，美式發 [ɑ]，因此 optimism 的英式發音為 [`ɔptəmɪzəm]，美式發音為 [`ɑptəmɪzəm]。

arise
[əˈraɪz]

★★★

(v.) 發生   occur, happen, take place, emerge

Production of the television show came to a halt due to issues **arising** from the lead actor's personal life.
電視節目的製作，因為主角私生活引發的問題而中斷。

> **大數據分析出題重點**
>
> 例句 arise 的 -ing 分詞修飾前面名詞，常見於雅思出題的短文。

necessarily
[ˈnɛsəsɛrɪlɪ]

★★★

(adv.) 不可避免地

The introductory astronomy class covered advanced concepts, but **necessarily** had to leave out the mathematics and formulas behind them.
天文概論課程涵蓋進階的觀念，無可避免必須省略它們背後的數學知識與公式。

(adv.) 必然地

Membership in the organisation does not **necessarily** require any annual fee.
這個組織的會員資格不一定需要年費。

必考！ Collocations

not necessarily 不一定

constant
[ˈkɑnstənt]

constantly (adv.) 持續地

★★

(adj.) 持續的、不斷的   continual, consistent

Online advertising allows for the **constant** exposure of a product to its target audience.
線上廣告讓產品可以持續地在目標客戶前曝光。

victim
[ˈvɪktɪm]

★★

(n.) 受害者、犧牲者

The bank is figuring out how many **victims** of identity theft there are annually.
銀行正在了解，每年有多少受害者被盜用身分。

| ★★ | (n.) 事件 | affair, event |

incident
[`ɪnsədənt]

incidence
(n.) 發生、發生率

incidentally (adv.) 偶然地

Any **incident** involving the mistreatment of an employee due to gender, race, or disability should be reported to the corporate HR office.

任何涉及性別、種族或身體殘疾的歧視員工事件，都應該向公司的人資部門報告。

| ★★★ | (v.) 附上、使附屬 | fix |

attach
[ə`tætʃ]

attachment
(n.) 愛慕；依戀；附件

The new offices and laboratory will be **attached** to the hospital's main building.

新的辦公室和實驗室將附屬於醫院本館。

必考！ Collocations

be attached to ~ 附著於～、附屬於～

| ★★★ | (n.) 事例、情況 | |

instance
[`ɪnstəns]

For over a year, neighborhood residents recorded each **instance** of the factory's illegal dumping of waste materials in Howler's Pond.

一年多來，附近居民錄下那家工廠在豪勒爾池非法傾倒廢棄物的每個事例。

必考！ Collocations

for instance 舉例來說

Day
15

| ★★ | (adj.) 巨大的 | |

tremendous
[trɪ`mɛndəs]

The Arctic fox's white coat gives it a **tremendous** advantage when hunting prey in the snow-covered plains.

在白雪覆蓋的平原上，北極狐的白色皮毛對捕食獵物有極大的優勢。

必考！ Collocations

tremendous force 巨大的力量
tremendous growth 巨大的增長

★★

amend
[əˋmɛnd]

amendment
(n.) 修訂、修改

(v.) 修訂（法律、議案等）   **revise, modify**

Now that the law has been **amended**, drivers found to be texting while driving will face harsher punishment.

由於法案已經修訂了，駕駛者開車時傳簡訊，將面臨更嚴厲的處罰。

★★★

advantage
[ədˋvæntɪdʒ]

advantageous
(adj.) 有利的、有優勢的

disadvantage
(n.) 缺點、不利

(n.) 優點   **benefit**

One of the most overlooked **advantages** of solar energy is that it provides tax breaks for users in some countries.

太陽能最常被忽視的一項優點，是提供部分國家的用戶稅收優惠。

必考！Collocations

take advantage of ~ 利用～、趁～機會

> **大數據分析出題重點**
>
> 反義詞 disadvantage 可與以下單字釋義改寫。
> - negative 否定的
> - drawback 缺點、短處
> - deprived 被剝奪的

★★★

effort
[ˋɛfət]

effortless
(adj.) 毫不費力的

effortlessly
(adv.) 不費力地、輕鬆地

(n.) 努力   **endeavour, attempt**

Contemporary films have been making an **effort** to include characters from all backgrounds of life.

現代電影一直努力融入各種成長、人生背景的角色。

必考！Collocations

make an effort to do ~ 努力做～

★★★

give rise to

(v.) 引起   **cause**

Using contact lenses beyond their intended duration could **give rise to** damage to the eyes.

持續使用隱形眼鏡，戴超過限定的時間的話，可能對眼睛造成傷害。

★★	(v.) 獵食	feed

prey
[pre]

Over 10 million bats exit Bracken Cave every evening to **prey** on mosquitoes, moths, and other small insects.

每天晚上超過千萬隻蝙蝠飛出布蘭肯洞穴，捕食蚊子、飛蛾和其他小型昆蟲。

必考！Collocations

prey on ~ 捕食～；傷害弱勢

> **大數據分析出題重點**
>
> prey 做名詞時，意思是「獵物、被捕者」。
> • a hunt for prey 捕食獵物

★	(adj.) 視覺的、光學的	

optical
[`ɑptɪkəl]

optic
(adj.) 眼睛的、視力的

How a viewer interprets an **optical** illusion can reveal whether the person is right-brained or left-brained.

觀看者如何解讀視錯覺圖，可以顯示他是偏右腦，還是偏左腦思考。

必考！Collocations

optical industry 光學產業
optical lens 光學鏡頭

★★	(adj.) 完整的、原封不動的	

intact
[ɪn`tækt]

Collectors of literature pay huge amounts of money for rare **intact** manuscripts.

文學收藏家們為完整無缺的稀有手稿支付鉅款。

必考！Collocations

survive intact 未受損傷地倖存下來

Day
15

★	(adj.) 陰暗的、乏味的	boring, banal

dull
[dʌl]

Sculptures in the park that appear to be **dull** actually provide necessary shade in the summer.

公園的雕像看起來似乎乏味無趣，實際上在夏天提供了必要的遮蔭。

★★★	(v.) 組成	be made up, comprise

consist
[kən`sɪst]

Efficient subway systems **consist** of multiple lines of operation and frequent transfer stations.
有效率的地鐵系統由多條運行路線和常用轉乘站組成。

必考！Collocations

consist of~ 由～組成

★	(n.) 攝取

intake
[`ɪn,tek]

Several popular diets focus on increasing protein **intake** while limiting carbohydrates.
一些風行的飲食注重增加蛋白質，同時限制碳水化合物的攝取。

必考！Collocations

food intake 食物攝取
calorie intake 熱量攝取

★★	(v.) 妨礙	inhibit, affect

interfere
[,ɪntə`fɪr]

interference
(n.) 妨礙、干涉

Poor weather conditions are likely to **interfere** with construction projects during the rainy season.
雨季期間，氣候條件不佳很可能妨礙的建設工程。

必考！Collocations

interfere with ~ 妨礙～

★★	(n.) 替代品、替代的人

substitute
[`sʌbstə,tjut]

There's no **substitute** for fresh ingredients when cooking gourmet meals.
在烹調美食時，沒有東西能取代新鮮食材。

大數據分析出題重點

> substitute 也當動詞，意思是「用～代替」，可以用 replace（取代）釋義改述。

★★★

lay
[le]

(v.) 放置

She **laid** aside her book and went to answer the phone.

她把書放到一邊,去接電話。

> **大數據分析出題重點**
>
> 及物動詞 lay(放置、下蛋)的三態是 lay-laid-laid。不及物動詞 lie「平躺、坐落於」是 lie-lay-lain。「說謊」是 lie-lied-lied。複雜程度連母語者也會搞錯,須熟記清楚。

(v.) 下蛋

The platypus and the echidna are the only two mammals left that lay **eggs**.

鴨嘴獸和針鼴是僅存的兩種產卵的哺乳類動物。

> **大數據分析出題重點**
>
> lay 的字義中,雅思最常出題的是「下蛋、產卵」。

(adj.) 外行的、非專業的

Phillip, a veterinarian, became a sort of **lay** doctor to poor members of the rural community.

菲力普是個獸醫,後來成為一名鄉間窮人的非專業醫師。

★★

apparent
[ə`pærənt]

(adj.) 明顯的

With African lions in massive decline, it has become **apparent** that more must be done to prevent illegal poaching in South Africa.

隨著非洲獅子大量減少,顯然必須採取更多措施,阻止南非的非法偷獵。

 必考!Collocations

become apparent 變得明顯
apparent simplicity 明顯的簡樸性

| ★★★ | (n.) 釋放 | **emission** |

release
[rɪˋlis]

Since cows produce an incredible amount of methane, dairy farms also contribute to the **release** of greenhouse gases (GHG) into the atmosphere.
由於乳牛會產生大量的甲烷，酪農場也是排放溫室氣體於大氣的源頭。

必考！Collocations

controlled release 控制釋放（藥物、殺蟲劑在一定時間內緩慢地發揮藥效）

(n.) 發布、發行

A series of press **releases** led up to the company's unveiling of its latest phone.
在一系列的報導發布後，那家公司推出了最新款的手機。

必考！Collocations

press release 新聞稿

大數據分析出題重點

release 指向大眾發布，可用以下詞彙釋義改寫。
• generally available 一般可取得的
release 當動詞，意思是「釋放、推出」。

I 請找出各單字對應的意思並連起來。

1.	distinctive	①	完整的、原封不動的
2.	victim	②	明確的、確定的
3.	lay	③	受害者、犧牲者
4.	reflect	④	反映的、沉思的
5.	prey	⑤	獨特的
6.	instance	⑥	放置、下蛋、非專業的
7.	intact	⑦	事例、情況
8.	tremendous	⑧	巨大的
9.	amend	⑨	修訂（法律、議案等）
10.	definite	⑩	獵食

II 請找出各單字對應的近義字並連起來。

11.	give rise to	⑪	continual
12.	modify	⑫	occur
13.	consist	⑬	emission
14.	optimism	⑭	fix
15.	attach	⑮	spread
16.	scatter	⑯	endeavor
17.	effort	⑰	positiveness
18.	arise	⑱	cause
19.	release	⑲	be made up
20.	constant	⑳	change

Day
15

解答

1. ⑤ 2. ③ 3. ⑥ 4. ④ 5. ⑩ 6. ⑦ 7. ① 8. ⑧ 9. ⑨ 10. ②
11. ⑱ 12. ⑳ 13. ⑲ 14. ⑰ 15. ⑭ 16. ⑮ 17. ⑯ 18. ⑫ 19. ⑬ 20. ⑪

🎧 **030** **仔細聽音檔並閱讀單字，學習完成在框中打 ✓**

☐ **protest** [prəˋtɛst]
抗議

☐ **outweigh** [aʊtˋwe]
勝過

☐ **render** [ˋrɛndə]
使成為（某種狀態）

☐ **dispose** [dɪˋspoz]
丟棄

☐ **rectify** [ˋrɛktə͵faɪ]
改正、矯正

☐ **vary** [ˋvɛrɪ]
不同、使變化

☐ **dwindle** [ˋdwɪndəl]
（漸漸）減少

☐ **overtake** [͵ovəˋtek]
超過

☐ **micromanage** [ˋmaɪkroʊ͵mænɪdʒ]
微觀管理，連細節都要管控

☐ **curtail** [kɜˋtel]
縮減、限制

☐ **refrain** [rɪˋfren]
節制、抑制

☐ **withdraw** [wɪðˋdrɔ]
退出、提取

☐ **magnify** [ˋmæɡnə͵faɪ]
放大

☐ **punish** [ˋpʌnɪʃ]
處罰

☐ **splutter** [ˋsplʌtə]
激動且語無倫次地說話

☐ **stumble** [ˋstʌmbəl]
絆倒

☐ **preserve** [prɪˋzɜv]
維護、保護

☐ **fade** [fed]
逐漸消失

☐ **smear** [smɪr]
塗抹；抹黑、誹謗

☐ **heighten** [ˋhaɪtən]
增強（情緒、效果）

IELTS Vocab
學習計畫

✓ **勾選出認識的單字，寫上中文意思。**

- ☐ magnificent
- ☐ litter
- ☐ forage
- ☐ depending on
- ☐ ecological
- ☐ divide
- ☐ valid
- ☐ estimate
- ☐ thoroughly
- ☐ terrestrial
- ☐ activate
- ☐ disastrous
- ☐ absence
- ☐ pollution
- ☐ reproduce

- ☐ nearly
- ☐ discard
- ☐ verification
- ☐ aware
- ☐ acoustic
- ☐ measure
- ☐ beyond
- ☐ sediment
- ☐ component
- ☐ afford
- ☐ eligible
- ☐ degraded
- ☐ carry
- ☐ emit
- ☐ exceptional

(adj.) 壯麗的、極好的

magnificent

[mæg`nɪfəsənt]

More tourists are vacationing in Norway and Sweden to see the **magnificent** Northern Lights.

越來越多的遊客為了欣賞壯觀的北極光，前往挪威和瑞典度假。

必考！Collocations

magnificent technology 精湛的技術

★

(n.) 垃圾、零亂雜物 **rubbish**

litter

[`lɪtə]

The leaf **litter** that lines the forest floor is actually a rich ecosystem for fungi and insects.

覆蓋森林地面的落葉、樹枝，其實是個豐富的真菌和昆蟲的生態系統。

必考！Collocations

leaf litter 落葉

(v.) 亂丟垃圾、使凌亂

At the end of the Second World War, thousands of abandoned military vehicles **littered** the Sahara Desert.

第二次世界大戰結束時，數千輛廢棄軍用車到處丟棄於撒哈拉沙漠。

★★

(v.) 覓食

forage

[`fɔrɪdʒ]

forager (n.) 掠奪者

Campers will learn how to safely **forage** for herbs and mushrooms in the wilderness.

露營者將學習如何在荒郊野外，安全地尋找草藥和香菇。

必考！Collocations

forage for ~ 搜尋~

 大數據分析出題重點

forage 也當名詞使用，意思是「草料、飼料」。
• forage grass 飼草、飼用牧草

★★★	(prep.) 根據～而定	according to

depending on Traditional clothing varies in style, **depending on** the region and family history.

傳統服裝根據地區和家族歷史而有多種款式。

★★	(adj.) 生態的、環境的

ecological

[ˌɛkə`lɑdʒɪkəl]

ecologically
(adv.) 生態學地

ecology
(n.) 生態、生態學

ecologist (n.) 生態學家

Imposing a carbon tax on industries that produce the most greenhouse gases is an **ecological** necessity.

為了生態，必須向產生最多溫室氣體的產業徵收排碳稅。

必考！Collocations

ecological disaster 生態災難

認識語源讓學習更輕鬆！

ecological 結合自 eco-（環境、生態）+ -logy（學門）+ -ical（形容詞字尾），意思是「生態的、環境的」。

★★	(v.) 劃分、分類	separate, split, break

divide

[də`vaɪd]

division (n.) 劃分；除法

subdivide
(v.) 再分、細分

Forests are generally **divided** into three different types: broad-leaf forests, needle-leaf forests and swamp forests.

森林一般分為三種類型：闊葉林、針葉林和沼澤林。

必考！Collocations

be divided into ~ 被分為～
divide up 分配、瓜分

★★	(adj.) 有效的

valid

[`vælɪd]

invalid (adj.) 無效的

Passports are **valid** for ten years after their issue date.

護照自核發日起 10 年內有效。

必考！Collocations

valid for ~ 對～有效、效力適用於～
a valid ticket 有效票
a valid reason 有確實根據的理由、正當理由

| ★★★ | (v.) 估計 | roughly calculate |

estimate
[`ɛstə͵met]

It is **estimated** that roughly one third of plastic packaging is not recycled at all and littered into the ocean.

據估計，約有三分之一的塑膠包裝根本沒有回收，而是被丟進大海裡。

必考！Collocations

it is estimated that ~ 據估計～

> **大數據分析出題重點**
>
> estimate 也可當名詞，意思是「預估值」。conservative estimate（保守估計值）。

| ★★ | (adv.) 徹底地、仔細地 |

thoroughly
[`θʒolɪ]

The budget proposal for next year will be **thoroughly** revised before the board receives it.

明年的預算案將在董事會收到前仔細地進行修改。

| ★★ | (adj.) 陸生的、陸棲的 |

terrestrial
[tə`rɛstrɪəl]

The African elephant is the largest **terrestrial** mammal.

非洲象是最大的陸棲哺乳動物。

> **認識語源讓學習更輕鬆！**
>
> terrestrial（地球的、陸地的）、terrain（地形、地帶）、電影裡的 Terran（泰倫、人族）、ET（extraterrestrial 外星人），都是源自羅馬神話的「地球」女神 Terra。

| ★★★ | (v.) 使活化、使活動 | turn on, trigger |

activate
[`æktə͵vet]

activation (n.) 活性化
inactivate (v.) 鈍化

Your new credit card can be **activated** by calling the number printed below.

撥打下列號碼，即可啟用你的新信用卡。

必考！Collocations

activate brain 活化大腦

★

disastrous

[dɪzˋæstrəs]

disaster (n.) 慘劇、災難

(adj.) 災難的、淒慘的
catastrophic, terrible, devastating

The city's attempt to build a low-cost walking bridge across the freeway proved **disastrous**.

這座城市試圖建造橫跨高速公路的低成本人行橋，結果證明是非常糟糕的設計。

必考！ Collocations

prove disastrous 結果證實極其糟糕

★★★

absence

[ˋæbsəns]

absent (adj.) 缺席的

absenteeism
(n.) 無故缺席

(n.) 缺席、不在

Some pets develop bad behaviours in the **absence** of early proper training, and these habits can be difficult to correct.

有些寵物因缺乏早期適當訓練，發展出不良行為。這些習慣可能很難矯正。

必考！ Collocations

the absence of ~ 沒有～、缺少～
absence from work 工作缺勤
absence rates 出席率

★★★

pollution

[pəˋluʃən]

pollute (v.) 污染

(n.) 污染、污染物質　　　　　　**contamination**

Air **pollution** from one continent can travel to another via jet streams and lower the air quality.

大陸的空氣污染物質會藉由噴射氣流，傳播到另一個大陸，降低空氣品質。

必考！ Collocations

pollution control 污染控制
anti-pollution law 污染防治法

大數據分析出題重點

聽力測驗中，pollution 易拼寫錯誤，留意有兩個「l」。

Day
16

★★

reproduce

[͵riprə`djus]

reproduction
(n.) 複製；繁殖

(v.) 複製、重現　　　　　　　copy, replicate

The author struggled to **reproduce** the themes of his novel in the first draft of his adapted screenplay.

這位作家在他改編的劇本中，想盡辦法要重現自己小説中的主題。

(v.) 繁殖

Corals are able to **reproduce** by two different methods: broadcast spawning and brooding.

珊瑚可用兩種不同的方式繁殖：散播式產卵和孵卵。

★★★

nearly

[`nɪrlɪ]

(adv.) 幾乎　　　　　　　almost, mostly

Fresh mango smoothies are available at **nearly** every vendor, and a stunning beach view is never more than a few minutes' walk away.

新鮮的芒果冰沙幾乎在每個商店都能買到，步行不到幾分鐘就能看到令人歎為觀止的海灘景色。

必考！Collocations

nearly everyone 幾乎每個人

大數據分析出題重點

nearly（幾乎）並不到完全，因此不可與 always（總是）或 all（全部）釋義改寫。

★★

discard

[`dɪskɑrd]

(v.) 丟棄　　　　　　　　　　drop

Tons of modern electronic devices are simply **discarded** as waste.

許多現代電子裝置僅被當成垃圾丟棄。

★

verification

[͵vɛrɪfɪ`keʃən]

verify (v.) 驗證

(n.) 驗證

Before the bank transfer can be processed, further **verification** is required.

在辦理銀行轉帳前，需要做進一步的驗證。

★★★

aware
[əˋwɛr]

awareness
(n.) 意識、關心

unaware (adj.)
不知道的、沒察覺到的

(adj.) 有意識的、覺察到的

Legal students should be **aware** of the developments in important ongoing court cases.

法律系的學生應該要知道，正在審理重要案件的相關發展狀況。

 必考！Collocations

aware of ~ 知道~、意識到~
become aware ~ 開始察覺到~

> **大數據分析出題重點**
>
> aware 常出現在解答線索句，意義可與以下字彙連結。
> • conscious of ~ 意識到~的
> • informed of ~ 知道~的
> • sensitive to ~ 對~敏感的

★

acoustic
[əˋkustɪk]

(adj.) 傳聲的、音響的

The walls of the studio are lined with **acoustic** material that improves the quality of the recordings.

工作室的牆壁加了一層音響材料，以提升錄音品質。

必考！Collocations

acoustic seals 隔音氣密封條

(adj.) 聲音的、聽覺的　　　　　　　**auditory**

Whales have a wider **acoustic** range than humans.

鯨魚比人類擁有更寬廣的聽覺範圍。

必考！Collocations

acoustic sense 聽覺
acoustic modification 聲音調整

> **大數據分析出題重點**
>
> acoustic 也可當形容詞，意思是「樂器或演出時不插電的、原聲的」。
> • play a short acoustic set 演奏一首簡短的原聲樂曲

Day
16

measure

[ˋmɛʒɚ]

measurement
(n.) 測量、尺寸

measurable
(adj.) 可測量的、顯著的

(n.) 措施、政策

Emergency responders must sometimes take drastic **measures** in order to save a life.
急救人員為了挽救生命，有時必須採取極端的措施。

必考！Collocations

take measures 採取措施、研究對策

大數據分析出題重點

measurement（測量）和名詞 measure 的字義不同，解讀時要多加留意。
• take measurements 測量尺寸

(v.) 衡量、測量　　　　　　　　**gauge, calculate**

The new exam will supposedly **measure** an educator's teaching ability.
新的考試應該可以測量出教師的教學能力。

★★★

beyond

[bɪˋjɑnd]

(prep.) 超越、遠於

Studying the humanities will result in advantages that go far **beyond** improvements to communication and writing skills.
學習人文帶來的好處，超越溝通與寫作能力的提升。

必考！Collocations

far beyond 遠超過、更遠於
go beyond 超越、超過
extend beyond ~ 延伸到超過~

★★

sediment

[ˋsɛdəmənt]

sedimentation
(n.) 沈積（作用）

(n.) 沉澱物　　　　　　　　**deposit, silt**

Amityville residents complained about the large amount of **sediment** found in their drinking water.
阿米提維爾居民抱怨，他們的飲用水中發現大量沉澱物。

必考！Collocations

sediment-free 無沉澱物的

★★	(n.) 組成部分	part, element

component
[kəm`ponənt]

One key **component** of a successful marketing campaign is clearly defining the target audience.
明確定義目標受眾，是成功行銷活動的一個關鍵要素。

★★★	(v.)（金錢）負擔得起	

afford
[ə`ford]

affordable (adj.)
（價格）負擔得起的

If the organisation cannot **afford** train tickets for all participants, then a charter bus may also be rented.
如果這個組織無法提供所有參加者火車票，那麼也可以租一台大客車。

必考！ Collocations

afford to do ~ 能夠去做~

> **大數據分析出題重點**
>
> afford 也有「給予、提供」的意思，可以和 provide 釋義改寫。
> - afford the opportunity 提供機會
> - afford ocean views 可以看到海景

★★	(adj.) 有資格的	qualified

eligible
[`ɛlɪdʒəbəl]

Members of the airline's frequent flyer programme are **eligible** for free seat upgrades.
這家航空公司常客計畫的會員，有資格免費升級座位。

必考！ Collocations

be eligible for ~ 有~的資格
eligible courses 符合修習資格的課程
all those eligible 所有合格者

Day
16

★	(adj.)（品質、地位）降級的、退化的	

degraded
[dɪ`gredɪd]

degrade
(v.) 貶低、分解

Environmentalists estimate that almost 80 percent of cropland in China is **degraded** land.
環保人士估計，中國境內將近 80% 的耕地已經退化。

必考！ Collocations

degraded quality 低劣的品質

★★★	(v.) 搬運	transport

carry
[ˋkærɪ]

The winds in the desert **carry** sand, dust, and other fine particles across the continent.
風會搬運沙漠的沙塵和其他細小顆粒橫跨整個大陸。

必考！Collocations

carry with ~ 攜帶～、帶著

(v.) 實行、執行	perform

Every January, millions of people promise themselves to **carry** out their ambitious goals.
每年一月，數百萬人會向自己承諾，要實現他們遠大的目標。

必考！Collocations

carry out 執行、履行

(v.) 繼續

Maintenance workers **carried** on with the repairs even though the water was rising.
即使水位持續上漲，設施管理人員仍繼續進行維修工作。

必考！Collocations

carry on 繼續

★★	(v.) 排放	release

emit
[ɪˋmɪt]

emission
(n.) 排放；排放廢氣

The burning of fossil fuels **emits** greenhouse gases, the main cause of global warming.
燃燒化學燃料會排放溫室氣體，就是全球暖化的主因。

★★	(adj.) 卓越的、不同凡響的	unique

exceptional
[ɪkˋsɛpʃənəl]

exceptionally
(adv.) 特別地；例外地

The **exceptional** architecture of the city incorporates a wide variety of styles.
這座都市的卓越建築樣式融合了各式各樣的風格。

I 請找出各單字對應的意思並連起來。

1.	magnificent	①	有效的
2.	valid	②	壯麗的、極好的
3.	thoroughly	③	丟棄
4.	activate	④	徹底地、仔細地
5.	sediment	⑤	覓食
6.	absence	⑥	使活化、使活動
7.	forage	⑦	沉澱物
8.	discard	⑧	措施、政策、衡量、測量
9.	verification	⑨	驗證
10.	measure	⑩	缺席、不在

II 請找出各單字對應的近義字並連起來。

11.	emit	⑪	transport
12.	disastrous	⑫	qualified
13.	carry	⑬	roughly calculate
14.	depending on	⑭	copy
15.	eligible	⑮	part
16.	divide	⑯	separate
17.	estimate	⑰	release
18.	nearly	⑱	according to
19.	component	⑲	catastrophic
20.	reproduce	⑳	almost

Day
16

解答

1. ② 2. ① 3. ④ 4. ⑥ 5. ⑦ 6. ⑩ 7. ⑤ 8. ③ 9. ⑨ 10. ⑧
11. ⑰ 12. ⑲ 13. ⑪ 14. ⑱ 15. ⑫ 16. ⑯ 17. ⑬ 18. ⑳ 19. ⑮ 20. ⑭

🎧 032 **仔細聽音檔並閱讀單字，學習完成在框中打 ✓**

☐ **surprising** [sə`praɪzɪŋ]
令人驚訝的

☐ **charming** [`tʃɑrmɪŋ]
迷人的

☐ **terrified** [`tɛrəˌfaɪd]
（極度）恐懼的

☐ **agitated** [`ædʒəˌtetɪd]
興奮的、激動的

☐ **touching** [tʌtʃɪŋ]
感人的

☐ **offensive** [ə`fɛnsɪv]
攻擊性的、冒犯的

☐ **outraged** [`aʊtˌredʒd]
憤怒的

☐ **incredible** [ɪn`krɛdəbəl]
難以置信的

☐ **stunning** [`stʌnɪŋ]
令人驚嘆的

☐ **poignant** [`pɔɪnənt]
沉痛的、辛酸的

☐ **unwilling** [ʌn`wɪlɪŋ]
不情願的

☐ **cherished** [`tʃɛrɪʃt]
珍愛的

☐ **awful** [`ɔful]
可怕的

☐ **disappointing** [ˌdɪsə`pɔɪntɪŋ]
令人失望的

☐ **reluctant** [rɪ`lʌktənt]
不情願的、猶豫不決的

☐ **astonishing** [ə`stɑnɪʃɪŋ]
令人震驚的

☐ **discouraged** [dɪs`kɜɪdʒd]
氣餒的

☐ **infuriating** [ɪn`fjʊrɪˌetɪŋ]
令人惱怒的

☐ **satisfactory** [ˌsætɪs`fæktərɪ]
令人滿意的

☐ **overwhelming** [ˌovə`hwɛlmɪŋ]
令人難以承受的、強勢的

Vocabulary Expansion

✓ **勾選出認識的單字,寫上中文意思。**

- ☐ cure
- ☐ transform
- ☐ devastate
- ☐ enlarge
- ☐ conservative
- ☐ devoted
- ☐ alternative
- ☐ situate
- ☐ fragile
- ☐ premises
- ☐ element
- ☐ otherwise
- ☐ insist
- ☐ delicate
- ☐ sensible

- ☐ overcome
- ☐ inclination
- ☐ volunteer
- ☐ readily
- ☐ fishery
- ☐ synthetic
- ☐ essential
- ☐ germination
- ☐ primitive
- ☐ verbal
- ☐ discharge
- ☐ plausible
- ☐ ever
- ☐ flourish
- ☐ transit

| ★★ | (v.) 治療、解決 | heal, treat |

cure
[kjʊr]

Early doctors believed tomatoes could **cure** ailments of the heart, solely based on the fruit's similar shape to the organ.

早期的醫生只因為水果的形狀和器官相似，就相信蕃茄可以治療心臟疾病。

| (v.) 醃製、保存處理 | preserve, smoke |

Various meats are **cured** using salt in order to preserve and enhance their taste and texture.

為了保存和提升味道與質地，各種肉品都用鹽醃製處理。

| ★★★ | (v.) 變形；徹底改變 | turn |

transform
[træns`fɔrm]

transformation
(n.) 變化、轉型

transformational
(adj.) 轉型的

The success of e-reader devices such as Kindle completely **transformed** the publishing industry.

Kindle 等電子書瀏覽器的成功，徹底改變了出版產業。

| ★ | (v.) 摧毀 | demolish |

devastate
[`dɛvəs‚tet]

devastation
(n.) 催毀、破壞

devastating
(adj.) 破壞性極大的

Numerous Indonesian businesses were **devastated** by the Asian Financial Crisis in the late 1990s.

1990 年代末，許多印尼企業受亞洲金融風暴龐大衝擊。

> **大數據分析出題重點**
>
> 以下是形容詞 devastating 的相關考題 collocations。
> - devastating effects 破壞性的效果
> - devastating problems 極其嚴重的問題

| ★★ | (v.) 擴大 |

enlarge
[ɪn`lɑrdʒ]

In 1850, work began to **enlarge** the Capitol Building in order to accommodate the growing congress.

1850 年開始擴建國會大廈，以容納日益擴大的國會。

(adj.) 保守的、低估的

conservative

[kən`sɜvətɪv]

conservation
(n.) 保護、保存

Most auction participants will begin by making relatively **conservative** bids.
大部分人參加競標，一開始出價都相對保守。

必考！Collocations

a conservative estimate 保守估計

★★

(adj.) 獻身的、全心全意的　　　　　**committed**

devoted

[dɪ`votɪd]

It is a website **devoted** entirely to checking the facts behind politicians' claims.
這個網站完全致力於確認政治人物言論背後的事實。

必考！Collocations

devoted to ~ 全心投入在～、獻身於～

★★★

(adj.) 替代的

alternative

[ɔl`tɜnətɪv]

alternatively
(adv.) 或者、要不

Harrison's travels through South America exposed him to several **alternative** styles of playing the classical guitar.
哈里森在南美洲旅行的時候，接觸古典吉他幾種不同的彈奏風格。

(n.) 替代選項、替換物

Congress spent months debating proposed **alternatives** to the current method of taxation.
國會花數個月的時間，辯論替代現行稅徵制度的方案。

★★★

(v.) 使位於　　　　　**locate**

Day
17

situate

[`sɪtʃʊ,et]

situation
(n.) 情況、情形

The ferry terminal is **situated** fifteen kilometers south of the city centre.
渡輪碼頭位於距離市中心以南 15 公里處。

必考！Collocations

be situated on/in ~ 位於～

fragile
[ˋfrædʒəl]

The mechanisms in an antique watch are extremely **fragile** and should only be handled by a trained expert.

古董機械錶非常容易損壞，必須由熟練的專家操作。

必考！Collocations

fragile environments 脆弱的環境
ecologically fragile 生態脆弱的

> **英式 vs. 美式**
>
> 形容詞字尾 -gile 的發音，英式讀 [aɪl]，美式讀 [əl]，因此 fragile 的英式發音為 [ˋfrædʒaɪl]，美式發音為 [ˋfrædʒəl]。

 (n.) 房宅、經營用地   **facility**

premises
[ˋprɛmɪsɪz]

Smoking is not allowed within 30 meters of any government-owned **premises**.

所有政府持有用地的 30 公尺內禁止吸菸。

> **大數據分析出題重點**
>
> 單數 premise 的意思是「假設、前提」，和 hypothesis（假說）的字義相近。

 (n.) 元素、成分   **component**

element
[ˋɛləmənt]

elementary
(adj.) 初級的、基本的

Their business model relied on a psychological **element**, too: customers who assemble the products themselves also feel a sense of pride.

他們的商業模式也仰賴於心理因素，因為顧客們自己組裝產品也會感到自豪。

必考！Collocations

elements in ~ ～的要素
key elements 核心要素

> **大數據分析出題重點**
>
> elementary school 表示「小學」，英式英語使用 primary school。

otherwise
[ˋʌðəˏwaɪz]

(adv.) 不一樣地、以另外的方式

The substance can cause serious health problems when eaten or **otherwise** brought into contact with the body.

食用或以其他方式接觸到此物質，可能會導致嚴重的健康問題。

必考！ Collocations

or otherwise（和前面提到的）或相反、或其反面

(adv.) 否則

Applications for the job vacancy must be received by 5 p.m. on Friday; **otherwise**, they will be rejected and returned to applicants.

職缺申請書必須在週五下午 5 點前收到，否則將不受理並退回給求職者。

★★

insist
[ɪnˋsɪst]

insistence
(n.) 極力主張、堅持

(v.) 堅持主張   **claim**

The director **insists** that no animals were harmed during the filming of the movie, but several animal rights organisations believe otherwise.

導演堅稱拍攝電影過程中並沒有動物受到傷害，但一些動保團體卻不這麼認為。

必考！ Collocations

insist that ~ 堅持～
insist on something 堅持某事

★★

delicate
[ˋdɛləkət]

(adj.) 精巧的、微妙的   **thrive**

The king's actions threatened the **delicate** balance of power between the Crown and the Church of England.

國王的行動，威脅到王權和英國國教之間微妙的權力平衡。

必考！ Collocations

delicate balance 巧妙的平衡

Day
17

	(adj.)（衣服或鞋）合適的、實用的

sensible

[`sɛnsəbəl]

Anyone planning to join the hike should wear warm clothing and **sensible** shoes.

計畫參加登山活動的所有人，都應該穿著保暖的衣服、實用的鞋子。

必考！Collocations

a sensible adaptation 合理的適應
a sensible tool 合理的工具、實用的工具

大數據分析出題重點

sensible（實用的；明智的）和 sensitive（敏感的）拼寫相似，意義完全不同。

★★

	(v.) 克服　　　　　　　　　　deal with, solve

overcome

[ˌovəˋkʌm]

Patients undergo a variety of therapies to **overcome** irrational fears and phobias.

患者為克服非理性的害怕和恐懼，經歷多種治療過程。

必考！Collocations

overcome a negative experience 克服負面經驗

大數據分析出題重點

overcome 表示成功解決問題或困難，可與以下詞彙做連結。
- get rid of 去除
- recover 恢復
- solution 解決方法

★

	(n.) 愛好、傾向

inclination

[ˌɪnkləˋneʃən]

The tortoise's natural **inclination** to retract its head and limbs in the presence of danger contributes to its long lifespan.

烏龜遇到危險時，本能傾向把頭和四肢縮起，是促成其長壽的原因。

★★

volunteer
[ˌvɑlənˈtɪr]

(v.) 自願

Thousands of local residents **volunteered** to rebuild the village following the tsunami.

數千名當地居民在海嘯發生後，自願投入重建村落。

> **大數據分析出題重點**
>
> 形容詞 voluntary（自發性的）可表示「志願服務的」。

(n.) 志工

During the summer of 1957, she worked as a **volunteer** at a medical clinic in Rwanda.

1957 年夏天，她在盧旺達的一家醫療診所當志工。

★★

readily
[ˈrɛdɪlɪ]

(adv.) 容易地；不遲疑地

Financial aid for local students is now more **readily** available.

給當地學生的經濟援助，現在更容易取得。

必考！ Collocations

readily available 容易獲得

> **認識語源讓學習更輕鬆！**
>
> ready 原意是「準備好了」，延伸為「立即的、方便好用的」的意思，因此 readily 有「迅速地；輕而易舉地；樂意地、心甘情願地」的意思。

★

fishery
[ˈfɪʃərɪ]

(n.) 漁業

The report revealed that large commercial **fisheries** were responsible for the ecological damage in the Bering Sea.

這份報告顯示，白令海生態遭到破壞的原因是大規模的商業漁業活動。

必考！ Collocations

certified fisheries 獲得認證的漁業

Day
17

★★

synthetic
[sɪn`θɛtɪk]

synthetically
(adv.) 合成的

(adj.) 合成的、人造的

Some medical experts believe frequent exposure to **synthetic** chemicals has contributed to increased cancer rates.

一些醫療專家認為，經常暴露於合成化學物質是造成癌症發生率增加的原因。

必考！Collocations

synthetic materials 合成物質

大數據分析出題重點

雅思常出現的反義詞是 natural。

★★★

essential
[ɪ`sɛnʃəl]

essentially
(adv.) 本質上地

(adj.) 必要的、本質的   vital

In medicine, appropriate bedside manner is also **essential**, alongside medical knowledge.

在醫學上，除了醫學知識之外，醫生對患者的關心態度也同樣重要。

大數據分析出題重點

essential 的基本字義是「重要的」。以下是雅思常用來表示「重要」的單字。
- critical 關鍵的、至關重要的
- crucial 關鍵的、至關重要的
- important 重要的
- necessary 必要的
- key 關鍵性的

★

germination
[ˌdʒɝməˈneʃən]

germinate
(v.) 萌芽；產生（想法）

(n.) 發芽

Scientific advances in the understanding of seed **germination** have led to exciting developments in agriculture.

種子萌芽的科學進步，刺激了農業的快速發展。

必考！Collocations

seed germination 種子發芽

★★	(adj.) 原始的	ancient, prehistoric

primitive
[`prɪmətɪv]

A collection of **primitive** tools was discovered in a cave in northern Mexico.

各種原始器具在墨西哥北部的一個洞穴裡被發現了。

★★	(adj.) 語言的、口頭的	oral

verbal
[`vɝbəl]

verbally (adv.) 口頭上地

In legal issues, written documents will hold much more power in court than any sort of **verbal** agreement.

在法律問題中，書面文件在法庭上比任何形式的口頭協議都更有力。

必考！Collocations

non-verbal 非語言的
verbal ability 語言表達能力
verbal interactions 語言互動
verbal communication 語言溝通

★	(v.) 排放

discharge
[dɪs`tʃɑrdʒ]

The corporation faced a lawsuit for **discharging** toxic waste into nearby Lake Washago.

那間公司因排放有毒廢棄物至瓦沙戈湖的附近區域，面臨法律訴訟。

必考！Collocations

certified discharge 認證排放

大數據分析出題重點

discharge 也可當名詞，重音在第一音節 [`dɪstʃɑrdʒ]。
• a discharge path 排放路徑

Day
17

★★	(adj.) 似乎合理的、似乎可信的

plausible
[`plɔzəbəl]

The thesis committee found the candidate's findings **plausible**, but required further revisions to the research methods

口試委員認為應試者的論文結論應該是合理的，但需要再進一步修改研究方法。

ever

[ˋɛvɚ]

(adv.) 持續不斷；總是、始終

With continual advances in Internet technology, staying in touch with friends and family becomes **ever** easier.

隨著網路科技不斷發展，與朋友和家人保持聯繫變得越來越容易。

必考！Collocations

ever-increasing 持續增加的
ever-present 始終存在的
ever-shifting 不斷變化的

(adv.) 無論何時、任何時候

By using the new cook-to-order approach, no food will **ever** be wasted.

使用現點現做的新方式，無論何時都不會浪費食物。

大數據分析出題重點

ever 表示「無論何時」，常用於含有 any 或 no 的否定句。

(adv.) 非常（用於強調）

Day-Lewis, **ever** such a thorough actor, did intensive research over several months before portraying the character.

戴 - 路易斯是個仔細的演員，飾演角色前會花好幾個月的時間，做深入研究。

大數據分析出題重點

ever 可用比較級或最高級，強調「有史以來最～」。
• better than ever 比任何時候都還好
• the best trip ever 有史以來，最棒的旅行

★★

flourish

[ˋflɝɪʃ]

(v.) 茁壯成長、繁榮

Various strains of wine grapes **flourish** in the dry climate of the Mediterranean.

各式釀酒的葡萄品種，在乾燥的地中海氣候生長茂盛。

★

transit
[`trænsɪt]

(n.) 通過；變化；轉乘

Astrologists partly base their predictions on the **transits** of the Moon.
占星家的預測部分是根據月亮的變化。

必考！Collocations

transit passengers 轉乘旅客

(n.) 運輸、交通系統

If more commuters opted to use mass **transit**, the amount of harmful automobile emissions would surely be reduced.
如果更多通勤者選擇使用大眾運輸工具，有害汽車廢氣排放量一定會減少。

大數據分析出題重點

以下是各種表示「大眾運輸系統」的字彙。
• mass transit
• public transit
• public transport
• public transportation

Day
17

Quick Review

Ⅰ 請找出各單字對應的意思並連起來。

1.	premises	①	房宅、經營用地
2.	delicate	②	發芽
3.	discharge	③	（衣服）實用的
4.	germination	④	摧毀
5.	synthetic	⑤	堅決主張
6.	devastate	⑥	排放
7.	insist	⑦	容易地、不遲疑地
8.	sensible	⑧	精巧的、微妙的
9.	overcome	⑨	合成的、人造的
10.	readily	⑩	克服

Ⅱ 請找出各單字對應的近義字並連起來。

11.	verbal	⑪	oral
12.	primitive	⑫	turn
13.	essential	⑬	locate
14.	flourish	⑭	thrive
15.	transform	⑮	committed
16.	cure	⑯	vital
17.	element	⑰	ancient
18.	devoted	⑱	component
19.	situate	⑲	vulnerable
20.	fragile	⑳	preserve

解答

1. ① 2. ⑧ 3. ⑥ 4. ② 5. ⑨ 6. ④ 7. ⑤ 8. ③ 9. ⑩ 10. ⑦
11. ⑪ 12. ⑰ 13. ⑯ 14. ⑭ 15. ⑫ 16. ⑳ 17. ⑱ 18. ⑮ 19. ⑬ 20. ⑲

🎧 **(034)** **仔細聽音檔並閱讀單字，學習完成在框中打 ✓**

☐ **rocket** [ˋrɑkɪt]
　① (n.) 火箭　② (v.) 急速上升

☐ **fine** [faɪn]
　① (n.) 罰金　② (adj.) 美好的

☐ **tendency** [ˋtɛndənsɪ]
　① (n.) 技術　② (n.) 趨勢、動向

☐ **tuition** [tjuˋɪʃən]
　① (n.) 教學　② (n.) 學費

☐ **pension** [ˋpɛnʃən]
　① (n.) 退休金　② (n.) 山莊、小型旅館

☐ **contact** [ˋkɑntækt]
　① (n./v.) 接觸　② (n./v.) 聯絡

☐ **depression** [dɪˋprɛʃən]
　① (n.) 憂鬱症　② (n.) 經濟蕭條期

☐ **reception** [rɪˋsɛpʃən]
　① (n.) 接待處；歡迎會
　② (n.) 反應、回應

☐ **address** [əˋdrɛs]
　① (n./v.) 演說　② (v.) 寫地址
　③ (v.) 解決問題

☐ **patient** [ˋpeʃənt]
　① (adj.) 有耐心的　② (n.) 患者

☐ **respondent** [rɪˋspɑndənt]
　① (n.) 應答者　② (n.) 被告

☐ **select** [səˋlɛkt]
　① (v.) 選擇
　② (adj.) 精選的、最優秀的

☐ **mortal** [ˋmɔrtəl]
　① (adj.) 死亡的；終有一死的
　② (n.) 凡人、普通人

☐ **premier** [ˋprimɪə]
　① (adj.) 最好的
　② (n.) 首相、行政院長

☐ **transparent** [trænsˋpɛrənt]
　① (adj.) 透明的　② (adj.) 顯而易見的

☐ **desert** [ˋdɛzət](n.) [dɪˋzɜt](v.)
　① (n.) 沙漠　② (v.) 拋棄

☐ **fragment** [ˋfrægmənt]
　① (n.) 碎片　② (n.) 分裂

☐ **remedy** [ˋrɛmədɪ]
　① (n.) 處理方案　② (n.) 治療

☐ **temporal** [ˋtɛmpərəl]
　① (adj.) 世間的、現世的
　② (adj.) 時間的　③ (adj.) 太陽穴的

☐ **sharp** [ʃɑrp]
　① (adj.) 尖銳的　② (adj.) 敏銳的

Memo

✓ **勾選出認識的單字，寫上中文意思。**

- ☐ term
- ☐ dismissive
- ☐ excavation
- ☐ current
- ☐ appeal
- ☐ perceive
- ☐ observe
- ☐ reasonable
- ☐ remove
- ☐ conventional
- ☐ appliance
- ☐ stress
- ☐ frequent
- ☐ disclose
- ☐ induce

- ☐ setback
- ☐ frustration
- ☐ freight
- ☐ prior
- ☐ adopt
- ☐ elusive
- ☐ temporary
- ☐ dye
- ☐ income
- ☐ anticipate
- ☐ shun
- ☐ atmosphere
- ☐ call for
- ☐ injury
- ☐ apparatus

★★★

term

[tɜm]

(n.) 專門用語 **word, phrase**

In the 1920s, 'Flapper' was a **term** used to describe women who went against what was considered acceptable behaviour.

1920 年代，「飛來波女郎」這個詞被用來描述女性抵抗傳統視為合乎體統的行為。

必考！Collocations

in technical terms 以技術用語
in broad terms 廣義地
in terms of ~ 由～觀點、就～方面來說

(n.) 期間 **period**

The government's **term** of office expires at the end of the year.

這屆政府的任期將在年底屆滿。

必考！Collocations

long-term 長期的
short-term 短期的

> **大數據分析出題重點**
>
> 「長期的」和「短期的」可用以下單字釋義改寫。
> - long-term: chronic（慢性的）
> - short-term: immediate（立刻的）

★★

dismissive

[dɪsˈmɪsɪv]

dismiss (v.) 摒棄；解雇

dismissal
(n.) 解雇；漠視

(adj.) 輕視的

New authors are often **dismissive** of the changes recommended by their editors.

新作家們經常不在乎編輯建議做的修改。

必考！Collocations

dismissive of ~ 對～不屑一顧

> **認識語源讓學習更輕鬆！**
>
> dismiss 結合 dis-（分離）+ -miss（送出），意思是「丟掉、摒棄」，進而延伸出「解散、解雇」的意思。

★★	(n.) 挖掘	dig

excavation

[͵ɛkskə`veʃən]

excavate (v.) 挖掘

The **excavation** at the Peruvian site came to a halt because of a lack of funding.
祕魯遺址的挖掘工作，因資金短缺而暫停。

★★★	(n.) 洋流、氣流	wave

current

[`kɝnt]

currency
(n.) 通貨、貨幣

Several factors affect the direction and speed of ocean **currents**, such as wind, temperature, and salinity.
許多因素會影響洋流的方向，例如風、溫度和鹽份。

必考！Collocations

ocean currents 洋流
air currents 氣流
convection currents 對流

(adj.) 現在的

Our lead designer travels to Paris multiple times a year to keep up with **current** fashion trends.
我們的首席設計師每年到巴黎出差好幾次，以便跟上當前的流行趨勢。

必考！Collocations

current trends 近期動向
current locations 現在位置
current concerns 當前的疑慮

★★	(v.) 引起興趣、對～有吸引力

appeal

[ə`pil]

You shouldn't judge someone for enjoying certain hobbies that don't **appeal** to you.
你不應該評論別人喜歡對你沒吸引力的特定喜好。

(n.) 魅力

Working abroad has a special **appeal** for people who have become bored with their lives.
對於已厭倦生活的人而言，海外工作具有特殊的吸引力。

Day
18

| (v.) 感受到、察覺 | recognise, sense, feel |

perceive
[pɚˋsiv]

As people become more obsessed with their virtual lives through social media and video games, they may lose the ability to **perceive** the beauty of the natural world.

隨著人們更加沉迷社群媒體、電玩的虛擬世界，可能因此失去體悟大自然之美的能力。

必考！ Collocations

widely perceive 廣為人知
generally perceive 一般認為

| (v.) 觀察 | discover |

observe
[əbˋzɝv]

observable
(adj.) 可觀察的

observation
(n.) 觀察、觀測

observer
(n.) 觀測者、觀察員

observatory (n.) 觀測台

Countless academic studies have **observed** the link between wealth and fitness.

無數的學術研究已觀察到財富和健康之間的關連性。

★★★

| (adj.) 相當的、合理的 |

reasonable
[ˋrizənəbəl]

reasonably
(adv.) 相當地、合理地

The artist hired by the city will be given a **reasonable** amount of creative freedom when designing the mural.

該市聘僱的藝術家在設計壁畫時，被賦予相當程度的創意自由。

必考！ Collocations

reasonable prices 合理的價格
reasonable concerns 合理的顧慮
at a reasonable level 合理的水平

大數據分析出題重點

reasonable prices 表示合理的價格，因此可以解讀為「不貴的」。

| ★★★ | (v.) 移除、去除 | **eliminate** |

remove
[rɪ`muv]

removal (n.) 移除

Since the healing process is not yet complete, plastic surgery patients may have a negative reaction when the doctor first **removes** the bandages.

由於癒合時間未滿，醫生第一次拆繃帶時，整形手術患者可能出現負面反應。

> ━━ **大數據分析出題重點** ━━
>
> remove 表達「去除、排除」，意義上可與以下字彙做連結。
> * take out 取出、去掉
> * forbid 禁止
> * omit 省略
> * leave out 省略

| ★★ | (adj.) 依照慣例的 | **traditional, usual, ordinary** |

conventional
[kən`vɛnʃənəl]

convention (n.) 慣例

Aaron decided to skip the **conventional** approach to publishing and released his novel for free on the Internet.

艾倫決定省去傳統的出版方式，將自己的小說免費發布在網路上。

必考！Collocations

conventional methods 慣用法、傳統方法
conventional crime 習慣性犯罪
in the conventional sense 依照慣例的

| ★ | (n.) 器具 |

appliance
[ə`plaɪəns]

Each floor now has an all-in-one office **appliance** that prints, copies, and scans documents.

現在每層樓都有可供列印、影印和掃描文件的多功能辦公事務機。

必考！Collocations

energy-saving appliances 節能家電
kitchen appliances 廚房電器用品

Day
18

stress

★★★

[strɛs]

stressful
(adj.) 壓力大的

(v.) 強調	emphasise, focus, underline

The city signed off on a new advertisement campaign that **stressed** the ease of public transit.

該城市批准了一個強調大眾交通便利性的新廣告活動。

(v.) 感到壓力、緊張

It will stop soon, so don't **stress** about this heavy snow.

雪很快就會停，別因這場大雪而感到緊張。

> **大數據分析出題重點**
>
> stress 也可作名詞使用，主要字義為「壓力；強調」。
> - under stress 在壓力之下
> - experience stress 承受、經歷壓力
> - water stress 極缺水（水資源迫切短缺）

frequent

★★

[`frikwənt]

frequently
(adv.) 時常地、經常地

(adj.) 經常發生的、頻繁的

Cyberattacks on financial systems have become more **frequent**, and the hackers are rarely identified.

金融系統的網路攻擊變得更加頻繁，而且很少能辨識出駭客的身分。

disclose

★

[dɪs`kloz]

(v.) 揭露、公開	reveal

In order to protect the privacy of their patients, doctors will never **disclose** any sensitive information, even to a patient's close relatives.

為了保護病人隱私，即使是病人親屬，醫生也絕對不會透露任何敏感的資訊。

induce

★★

[ɪn`djus]

(v.) 促使、誘導	encourage

Some of the inappropriate jokes in the play **induced** groans and sighs in the audiences.

劇中一些不當的玩笑，引起觀眾不滿與嘆息。

★★	(n.) 差錯、失敗

setback

[ˋsɛt͵bæk]

The cloudy weather conditions presented a minor **setback** for the satellite's launch plans.

多雲的氣候狀況，導致衛星發射計畫出現輕微差錯。

> **認識語源讓學習更輕鬆！**
>
> setback 結合自 set-（放置）+ -back（後），形成「後退、耽誤」的意思。

★★	(n.) 挫折感

frustration

[͵frʌsˋtreʃən]

frustrated (adj.)
受挫的、感到灰心的

frustrating (adj.)
令人挫折的、令人灰心的

The additional flight delays added to the **frustration** of the already exhausted travelers at the airport.

航班又再延誤，使機場裡已筋疲力竭的旅客更加沮喪。

★	(n.) 貨物、貨物運送	cargo

freight

[fret]

The amount of coal transported by rail **freight** in the UK has dropped significantly over the past five years.

過去五年中，英國經由鐵路貨運的煤炭量顯著減少。

必考！Collocations

freight rates 運費率

★★★	(adj.) 事先的、以前的	previous

prior

[ˋpraɪɚ]

Most internships in the corporate world have low wages, but they do not require any **prior** experience.

企業界多數的實習期間薪資低，但不需要任何工作經驗。

必考！Collocations

prior experience 先前的經驗
prior knowledge 先備知識、背景知識
prior to ~ 在～之前、先於

Day
18

★★★	(v.) 採用、接受	choose

adopt
[ə`dɑpt]

adoption
(n.) 收養、採用

Some of Alexander the Great's success came from his practice of **adopting** the customs of the lands he conquered into a unified culture.

亞歷山大大帝的成功，部分來自於採用征服領地原本的風俗作為統一文化。

必考！Collocations

universally adopt 普遍採用

┌─ **大數據分析出題重點** ─┐
adopt 當動詞時，也有「收養」的意思。
└────────────────┘

★	(adj.) 難懂的、難捉摸的	

elusive
[ɪ`lusɪv]

elude (v.) 閃避

Serious birdwatchers plan entire trips around having the opportunity to catch a glimpse of an **elusive** species of bird.

認真的鳥類觀察家計畫整趟旅程，就是為了有機會親眼目睹一種罕見的鳥類。

必考！Collocations

elusive phenomenon 難以捕捉的現象

┌─ **大數據分析出題重點** ─┐
elusive 可用以下同義詞釋義改寫。
- hard to find 很難找到
- difficult to find 很難找到
└────────────────┘

★★	(adj.) 暫時的	short-term

temporary
[`tɛmpə,rɛrɪ]

temporarily
(adv.) 暫時地

Due to **temporary** difficulties at the television station, the broadcast of the symphony's live performance was interrupted.

由於電視台出現暫時性問題，導致交響樂現場轉播中斷。

必考！Collocations

a temporary 暫時停止

dye
[daɪ]

(n.) 染料、染劑

Natural **dyes** were once in high demand among merchants and fabric manufacturers.
商人和紡織製造商曾經對天然染料有很大的需求量。

必考！ Collocations

natural dye 天然染料
synthetic dye 合成染料

大數據分析出題重點

dye 當動詞意思是「染色」，分詞為 dyeing（現在分詞）、dyed（過去簡單式／過去分詞）。
注意別與「死亡」die、dying、died 搞混。

★★★

income
[ˋɪnˌkʌm]

(n.) 所得、收入

The export of semiconductors is a major source of **income** for South Korea.
半導體出口是南韓的主要收入來源。

必考！ Collocations

a source of income 收入來源
a viable income 明確的收入

★★★

anticipate
[ænˋtɪsəˌpet]

anticipatory
(adj.) 預期的

(v.) 預期　　　　**expect, predict, foreshadow**

As security standards were heightened at the airport, travelers should **anticipate** longer lines.
由於機場安全標準已提高，旅客應預期到隊伍會變更長。

★

shun
[ʃʌn]

(v.) 避開　　　　　　　　　　　**avoid**

Members of the punk community **shun** the typical products of capitalism, such as mainstream politics, career-oriented employment, and pop culture.
龐克族不屑典型的資本主義產物，如主流政治、職業導向的就業和流行文化。

Day
18

★★★   (n.) 大氣層   **air**

atmosphere

[ˋætməsˌfɪr]

The burning of fossil fuels since the Industrial Revolution has greatly altered the Earth's **atmosphere**.

工業革命以來，化石燃料的燃燒造成了地球大氣層極大改變。

大數據分析出題重點

地球科學是雅思常見考題，以下是「大氣」相關字彙。
- troposphere 對流層
- stratosphere 平流層
- mesosphere 中間層
- thermosphere 熱成層

認識語源讓學習更輕鬆！

大氣各層皆含有字根 -sphere（領域、圈層），前方加上各種特徵的字根。
- 對流層：希臘字根 tropo-，表示「轉動」。
- 平流層：拉丁字根 strato-，表示「展開」。
- 中間層：希臘字根 meso-，表示「中間」。
- 熱成層：希臘字根 thermo-，表示「熱」。

(n.) 氣氛   **environment**

Most cafés aim to provide a comfortable **atmosphere** for light conversation and studying.

大部分的簡餐店著眼提供舒適氣氛，可輕鬆對話和讀書。

必考！Collocations

academic atmosphere 學術氣氛
adult atmosphere 成熟的氣氛
family atmosphere 家庭氣氛

★★   (v.) 呼籲、要求

call for

Many local residents **called for** a no-parking policy to be implemented around the school.

許多當地居民要求，學校周圍落實禁止停車的政策。

★★

injury

[ˋɪndʒərɪ]

injure (v.) 傷害

injured (adj.)
受傷的、受損害的

injurious (adj.)
造成傷害的、有害的

(n.) 受傷

Parents should be aware of the risk of **injury** associated with each sport their child may participate in.

父母應意識到，孩子參加的每項運動都伴隨著受傷風險。

 必考！ Collocations

sport injury 運動傷害
illness or injury 生病或受傷

★

apparatus

[͵æpəˋrætəs]

(n.) 儀器、裝置

Nikola Tesla made several changes to the **apparatus** while perfecting his Tesla Coil.

尼古拉・特斯拉在使他的特斯拉線圈更完美的同時，對儀器做了一些修改。

> **大數據分析出題重點**
>
> apparatus 在醫學用語指「人體器官」，如 brain（頭腦）就是一種 apparatus。不論機器或身體，都是雅思常考的意思。

> **英式 vs. 美式**
>
> 發音上，英國讀作 [͵æpəˋretəs]，美國讀作 [͵æpəˋrætəs]。

Day
18

Quick Review

I 請找出各單字對應的意思並連起來。

1.	induce	①	依照慣例的
2.	appliance	②	採用、接受
3.	frustration	③	大氣層；氣氛
4.	term	④	促使、誘導
5.	atmosphere	⑤	專門用語、期間
6.	observe	⑥	器具
7.	conventional	⑦	觀察
8.	adopt	⑧	挫折感
9.	elusive	⑨	難懂的、難以捉摸的
10.	setback	⑩	差錯

II 請找出各單字對應的近義字並連起來。

11.	temporary	⑪	dig
12.	stress	⑫	wave
13.	excavation	⑬	recognise
14.	freight	⑭	cargo
15.	shun	⑮	reveal
16.	prior	⑯	previous
17.	disclose	⑰	short-term
18.	current	⑱	avoid
19.	perceive	⑲	eliminate
20.	remove	⑳	emphasise

解答

1. ④ 2. ⑥ 3. ⑧ 4. ⑤ 5. ③ 6. ⑦ 7. ① 8. ② 9. ⑨ 10. ⑩
11. ⑰ 12. ⑳ 13. ⑪ 14. ⑭ 15. ⑱ 16. ⑯ 17. ⑮ 18. ⑫ 19. ⑬ 20. ⑲

🎧 036 **仔細聽音檔並閱讀單字，學習完成在框中打 ✓**

☐ **satellite** [`sætəl‚aɪt]
人造衛星

☐ **robbery** [`rɑbərɪ]
搶劫

☐ **bullying** [`bʊlɪɪŋ]
霸凌

☐ **upheaval** [ʌp`hivəl]
動盪

☐ **prosecution** [‚prɑsɪ`kjuʃən]
起訴、訴訟

☐ **remnant** [`rɛmnənt]
殘餘、剩餘

☐ **sympathy** [`sɪmpəθɪ]
同情、憐憫

☐ **catastrophe** [kə`tæstrəfɪ]
慘事、災害

☐ **outbreak** [`aʊt‚brek]
（疫情、戰爭）爆發

☐ **desertification** [‚dɛzɜtɪfɪ`keʃən]
沙漠化

☐ **arithmetic** [ə`rɪθmətɪk]
算術、計算

☐ **sphere** [sfɪr]
球體；領域

☐ **alienation** [‚eljə`neʃən]
疏離

☐ **parcel** [`pɑrsəl]
包裹

☐ **myth** [mɪθ]
神話；錯誤觀念

☐ **notoriety** [‚notə`raɪətɪ]
惡名、臭名

☐ **culprit** [`kʌlprɪt]
元兇、問題的起因

☐ **insulation** [‚ɪnsə`leʃən]
絕緣；隔熱；隔音

☐ **earthquake** [`ɜθ‚kwek]
地震

☐ **childbirth** [`tʃaɪld‚bɜθ]
出生

261

Memo

✓ **勾選出認識的單字，寫上中文意思。**

- ☐ eventually
- ☐ deposit
- ☐ persistent
- ☐ astronomical
- ☐ arousal
- ☐ outstanding
- ☐ appear
- ☐ gene
- ☐ motif
- ☐ revert
- ☐ associated
- ☐ terminal
- ☐ decent
- ☐ custom
- ☐ psychological

- ☐ collective
- ☐ proportion
- ☐ conceive
- ☐ reclaim
- ☐ fundamental
- ☐ pigment
- ☐ permit
- ☐ publicise
- ☐ particle
- ☐ vicinity
- ☐ separate
- ☐ tolerant
- ☐ substantially
- ☐ commodity
- ☐ diagnosis

| ★★★ | (adv.) 終於、終究 | ultimately |

eventually
[ɪˋvɛntʃʊəlɪ]

The time required to produce each vehicle was **eventually** reduced by the introduction of robotic conveyor systems.

引進機器人輸送系統後，每輛車生產所需的時間終於減少了。

必考！ Collocations

eventually become ~ 終於變成～
eventually end up 最終淪為（某種處境）

| ★★ | (n.) 沉澱物 | sediment |

deposit
[dɪˋpɑzɪt]

The operation of the dam led to an increase of silt and mud **deposits** at the mouth of the river.

水壩的運作，導致河口泥沙和淤泥沉積物增加。

大數據分析出題重點

deposit 作動詞時，雅思的主要字義是「沈澱、堆積」、「存放、放置」。可和 place（放置）釋義改寫。

認識語源讓學習更輕鬆！

deposit 結合 de-（分開、離開）+ -posit（安置、放置），延伸為「存款、押金」（另外存放的錢）或「沉澱物」（另外堆放之物）等意思。

(n.) 押金、保證金

Premium travel insurance will cover non-refundable **deposits** that would otherwise be lost in the event of a sudden cancellation.

頂級旅遊險將補償無法退還的保證金，以免旅客突然被取消行程時遭受損失。

| ★★ | (adj.) 持續的；執著的 |

persistent
[pəˋsɪstənt]

The company introduced a new policy to combat the **persistent** lateness of its employees.

該公司導入一項新政策，以遏止員工長期遲到的習慣。

(adj.) 天文學的、天文的

astronomical

[ˌæstrəˈnɑmɪkəl]

astronomy (n.) 天文學

astronomer
(n.) 天文學家

The passing of Halley's Comet every 75 years is arguably the most famous **astronomical** event.

每 75 年才會出現一次的哈雷彗星，可以說是最著名的天文事件。

> **必考！Collocations**

astronomical telescopes 天文望遠鏡

★★

(n.) 激發

arousal

[əˈraʊzəl]

arouse (v.) 喚起、激發

This new medicine is designed to trigger the **arousal** of hunger in patients, which will encourage them to eat.

這種新藥是用來激發病人的飢餓感，鼓勵他們進食。

> **必考！Collocations**

high arousal 高刺激
emotional arousal 情緒覺醒
physiological arousal 生理覺醒

★★

(adj.) 傑出的　　　　　　　　　　　　**excellent**

outstanding

[ˌaʊtˈstændɪŋ]

The audience at the film festival applauded the film for its **outstanding** direction and acting.

電影節的觀眾為這部電影出色的導演和演技喝采掌聲。

> **必考！Collocations**

outstanding students 優秀的學生
outstanding achievements 卓越的成就

(adj.) 未付清的；未解決的　　　　　　　**balance**

Any inquiries regarding **outstanding** bills should be directed to the customer services team.

任何關於未付帳單的查詢事項，都應轉交給客服組。

> **必考！Collocations**

outstanding fees 未付的費用

Day
19

★★★	(v.) 出現	emerge

appear
[əˋpɪr]

disappear
(v.) 消失、不見了

Many species of songbirds only **appear** in the morning.
許多種類的鳴禽只在早晨出現。

(v.) 似乎	seem

Popular diets may **appear** to be beneficial at first, but they can be disadvantageous in the long-term.
風行的飲食法一開始似乎有益，但長遠下來可能有害。

必考！Collocations

appear to do something 似乎～

★★★	(n.) 基因

gene
[dʒin]

genetic (adj.)
基因的、基因學的

genetics (n.) 基因學

genetically (adv.)
基因方面地、遺傳上地

Advances in genetics will allow scientists to identify specific **genes** that contain harmful diseases or even undesirable traits.
遺傳學的進步，將使科學家發現有害疾病或是不良特徵的特定基因。

必考！Collocations

a single gene 單一基因、單基因

★	(n.) 圖案；主題	image

motif
[moˋtif]

The floral **motif** appears frequently throughout the hotel's interior designs.
花紋圖案經常出現在這整間飯店的室內設計。

必考！Collocations

salient motifs 最突出的花紋；核心主題

認識語源讓學習更輕鬆！

motif 和 motive（動機、理由）都是源自於拉丁字 motivus（動的、引起運動的），意指顯著或重複的主題。

| ★ | (v.) 回到、恢復 |

revert
[rɪˋvɝt]

After the week-long fashion show, the stage at Becker Stadium was **reverted** to a basketball court.

為期一週的服裝秀之後，位於貝克爾體育館的舞台又變回籃球場。

> **大數據分析出題重點**
>
> 可用以下同義詞釋義改寫。
> • change back 回復、改回來

> **認識語源讓學習更輕鬆！**
>
> revert 結合 re-（向後）+ -vert（轉換），意指「返回、恢復」。

| ★★★ | (adj.) 相關的 | **related, involved** |

associated
[əˋsoʃɪˏetɪd]

A person's favourite food tends to have strong memories **associated** with it.

人們喜歡的食物往往有著相關的強烈記憶。

| ★★ | (adj.) 無能為力的、沒有希望的 |

terminal
[ˋtɝmənəl]

Illegal logging operations in the Amazon may cause the rainforest's ecosystem to enter a **terminal** decline.

亞馬遜地區的非法伐木，可能導致雨林生態系統進入無可挽回的衰退。

| ★ | (adj.) 得體的、還不錯的 | **acceptable** |

decent
[ˋdisənt]

The non-profit organisation's goal is to provide **decent** housing to the refugees that have been displaced in the war-torn region.

此非營利組織的目標是為戰亂地區流離失所的難民，提供像樣的住所。

必考！ Collocations

decent clothes 體面的衣服
decent results 還不錯的結果

Day
19

★★

custom
[`kʌstəm]

customs (n.) 海關

(n.) 風俗、習慣　convention, practice, fashion

The Scottish **custom** of bringing gifts to friends and loved ones on New Year's Day is called first-footing.

新年的第一天送禮物給朋友和喜愛的人，是蘇格蘭稱作「新年第一跨」的習俗。

> **大數據分析出題重點**
>
> 複數型 customs 意思是「海關」，以下是雅思常見的搭配詞。
> - clear customs（通過海關、清關）

(adj.) 客製化的

The president's **custom** car included several cutting-edge security features.

總統的客製化車包括多項尖端的安全裝置。

★★★

psychological
[ˌsaɪkə`lɑdʒɪkəl]

(adj.) 精神的、心理的　　　　　　　mental

The **psychological** demands of military service in combat zones can result in post-traumatic stress disorder.

在戰區服兵役的心理負擔可能導致創傷後壓力症。

必考！Collocations

psychological illness 精神疾病
psychological demands 心理需求

★★

collective
[kə`lɛktɪv]

collectively
(adv.) 集體地

(adj.) 共同的、集體的　cooperative, collaborative

Preventing the construction of the dam was a **collective** accomplishment among several different environmental and human rights groups.

阻止水壩建設，是幾個不同的環保團體、人權組織共同達成的成果。

必考！Collocations

collective endeavours 共同的努力
collective action 集體行動

★★	(n.) 比例、部分	part

proportion
[prə`porʃən]

According to the survey, a large **proportion** of students leave university with debts in excess of 8,000 pounds.

根據調查，大部分的學生畢業時背負超過 8,000 英磅的債務。

 必考！ Collocations

a large proportion of 大多數的

★★	(v.) 理解、想像	

conceive
[kən`siv]

conceivable (adj.)
可想像的；可以相信的

There were times when people could not **conceive** of the fact that the Earth is round.

人們曾經無法理解地球是圓的這個事實。

 必考！ Collocations

conceive of ~ 想像～
be conceived as ~ 被認為是～

★	(v.) 開墾、改造土地；回收利用	

reclaim
[rɪ`klem]

reclaimed
(adj.) 回收再生的

Volunteers planted over 500 trees in an effort to **reclaim** the forest.

志工們為了修復這座森林，種植了 500 多顆樹。

必考！ Collocations

reclaimed wood 再生木材、再生木

> **大數據分析出題重點**
>
> 以下是 reclaimed 的考題 collocations。
> • reclaimed wood 再生木材
> • reclaimed land 海埔新生地

> **認識語源讓學習更輕鬆！**
>
> reclaim 結合自 re-（相反）＋ claim（喊叫、聲稱），基本字義是「要求收回」，延伸出「開墾、再利用」的意思。

Day
19

| ★★★ | (adj.) 根本的 | core, basic |

fundamental
[ˌfʌndəˋmɛntəl]

Methods of taxation are a **fundamental** difference between liberal and conservative political views.
徵稅方式在自由和保守派的政治觀點間，有根本上的差異。

必考！Collocations

fundamental differences 根本上的差異
fundamental strategies 根本策略

| ★ | (n.) 顏料 | |

pigment
[ˋpɪgmənt]

Ultramarine, originally made by grinding a semi-precious stone, was the most expensive colour **pigment** until a synthetic version was invented in 1826.
最初由半寶石磨製而成的群青藍，在 1826 年發明人造合成色以前，一直都是最昂貴的顏料。

| ★★★ | (v.) 允許 | allow, control |

permit
[pəˋmɪt] (v.)
[ˋpəmɪt] (n.)
permission
(n.) 允許、許可

A work visa, unlike a student visa, **permits** its holder to seek employment in the country.
和學生簽證不同，工作簽證允許其持有者在該國找工作。

必考！Collocations

be permitted to do ~ 被允許做～

(n.) 許可證

Vendors at the fair must have a **permit** from the public health department in order to sell food or beverages.
博覽會的攤販賣食物或飲料，必須持有公共衛生部核發的許可證。

必考！Collocations

work permit 工作證
parking permit 停車證

★★   (v.) 公布、宣傳

publicise

[ˋpʌblɪsaɪz]

The celebrity couple's private plans to marry were recently **publicised** by multiple online publications.

那對名人情侶私底下的結婚計畫，最近被多家線上刊物公布出來。

★★   (n.) 粒子

particle

[ˋpɑrtɪkəl]

The Large Hadron Collider in Geneva allows physicists to observe new atomic **particles**.

位於日內瓦的大型強子對撞機，讓物理學家能夠觀察到新的原子粒子。

★   (n.) 附近、鄰近   **neighbourhood**

vicinity

[vəˋsɪnətɪ]

Since the beginning of civilisation, humans have settled in the **vicinity** of water sources such as lakes and rivers.

文明社會建立以來，人類就在湖泊和河流等水源鄰近區域定居下來。

必考！Collocations

the vicinity of ~ ～的附近、～的近處

★★★   (adj.) 各自的、不同的   **different, independent**

separate

[ˋsɛpəˏret]

The tracking chip for dogs was tested through three **separate** methods.

有三種不同的方法能測試狗的追蹤晶片。

必考！Collocations

widely separated 分散遙遠、疏散的

(v.) 分離、分開   **split**

Twins who were **separated** at birth provide an interesting insight regarding the influence of genes on personality.

關於基因對人格特質的影響，一出生就被分開的雙胞胎，提供我們有趣的見解。

Day
19

tolerant

★

tolerant

[`tɑlərənt]

tolerate (v.) 容忍、忍耐

tolerance
(n.) 寬容、耐受性

intolerant (adj.)
不寬容的、不耐的

(adj.) 容忍的、（對藥物等）具耐受性的

Frequent use of the drug will make the patient more
tolerant to its antibiotic effects.

經常使用這種藥物，病人對其抗生素的效果更具耐受性。

★★

substantially

[səb`stænʃəlɪ]

substantial (adj.) 相當的

(adv.) 相當地、相當多地

Insurance for a sports car is **substantially** more
expensive than coverage for a basic model.

一輛跑車的保險費比一輛基本車型的保險費貴上許多。

★★

commodity

[kə`mɑdətɪ]

(n.) 商品   material

Furs were a lucrative **commodity** in the lands west
of the river.

皮草在河西地區是個獲利豐厚的商品。

必考！Collocations

a vital commodity 必需商品

★

diagnosis

[ˌdaɪəg`nosɪs]

diagnose (v.) 診斷

undiagnosed
(adj.) 未確診的

(n.) 診斷

The early **diagnosis** of cancer is the most important
factor in a successful treatment.

癌症的早期診斷是治療成功的最重要因素。

認識語源讓學習更輕鬆！

diagnosis 結合自 dia-（徹底、透過）+ -gnosis（知識），
意指「透過檢測或實驗獲得的知識」，延伸出「診斷」
的意思。

Quick Review

I 請找出各單字對應的意思並連起來。

1.	conceive	①		激發
2.	astronomical	②		傑出的、未付清的、未解決的
3.	gene	③		理解、想像
4.	revert	④		復原、開墾
5.	persistent	⑤		回到、恢復
6.	pigment	⑥		基因
7.	reclaim	⑦		風俗、習慣、客製化的
8.	custom	⑧		持續的、執著的
9.	arousal	⑨		顏料
10.	outstanding	⑩		天文學的、天文的

II 請找出各單字對應的近義字並連起來。

11.	associated	⑪	neighbourhood
12.	eventually	⑫	image
13.	motif	⑬	related
14.	separate	⑭	split
15.	psychological	⑮	allow
16.	permit	⑯	acceptable
17.	decent	⑰	mental
18.	vicinity	⑱	ultimately
19.	deposit	⑲	sediment
20.	appear	⑳	emerge

解答

Day
19

1. ③ 2. ⑩ 3. ⑥ 4. ⑤ 5. ⑧ 6. ⑨ 7. ④ 8. ⑦ 9. ① 10. ②
11. ⑬ 12. ⑱ 13. ⑫ 14. ⑭ 15. ⑰ 16. ⑮ 17. ⑯ 18. ⑪ 19. ⑲ 20. ⑳

🎧 **038** **仔細聽音檔並閱讀單字，學習完成在框中打 ✓**

☐ **undergraduate** [ˌʌndəˈgrædʒuɪt]
大學生

☐ **athlete** [ˈæθlit]
運動員

☐ **architect** [ˈɑrkəˌtɛkt]
建築師

☐ **composer** [kəmˈpozə]
作曲家

☐ **conductor** [kənˈdʌktə]
指揮家

☐ **craftsman** [ˈkræftsmən]
工匠

☐ **navigator** [ˈnævəˌgetə]
領航員

☐ **therapist** [ˈθɛrəpɪst]
治療師

☐ **workforce** [ˈwɜkfors]
員工、勞動力

☐ **housewife** [ˈhausˌwaɪf]
家庭主婦

☐ **ambassador** [æmˈbæsədə]
大使

☐ **slave** [slev]
奴隸

☐ **witness** [ˈwɪtnɪs]
目擊證人

☐ **monk** [mʌŋk]
修行僧

☐ **mediator** [ˈmidɪˌetə]
調解員

☐ **surveyor** [səˈveə]
測量員

☐ **extraterrestrial** [ˌɛkstrətəˈrɛstrɪəl]
外星人

☐ **nomad** [ˈnomæd]
遊牧民族

☐ **the unemployed** [ˌʌnɪmˈplɔɪd]
失業者

☐ **clientele** [ˌklaɪənˈtɛl]
顧客群

✓ **勾選出認識的單字，寫上中文意思。**

- ☐ diversify
- ☐ pane
- ☐ access
- ☐ intend
- ☐ via
- ☐ specimen
- ☐ priority
- ☐ factor
- ☐ impact
- ☐ expertise
- ☐ fraud
- ☐ integrated
- ☐ norm
- ☐ delegate
- ☐ collaborate

- ☐ exempt
- ☐ endure
- ☐ resolve
- ☐ arrival
- ☐ parallel
- ☐ solely
- ☐ aggressive
- ☐ vanish
- ☐ disperse
- ☐ overlook
- ☐ camouflage
- ☐ raw
- ☐ compatible
- ☐ outright
- ☐ ailment

★★

diversify
[daɪ`vɝsə,faɪ]

diverse (adj.) 多樣的
diversification
(n.) 多樣化

(v.) 使多樣化

Young people hoping to save for retirement should **diversify** their investments.

為了退休而儲蓄的年輕人，應該使投資多元化。

★

pane
[pen]

(n.) 一塊玻璃、窗玻璃

The outer **pane** of glass absorbed the blow from the hammer and prevented the whole window from shattering.

外層的玻璃片吸收了鐵鎚的撞擊，防止整個窗戶破碎。

★★★

access
[`æksɛs]

accessible (adj.)
可接近的、可使用的

accessibility (n.)
可抵達的方便性；
（可接近的）易理解性

(n.) 取得途徑   entry

Researchers had **access** to newspapers from the 1830s, clear back to the city's founding.

研究人員取得 1830 年代的舊報紙，完整追溯到城市的建立初期。

必考！Collocations

access to ~ ～的取得、接近～

大數據分析出題重點

access 也可作動詞使用，意思是「接觸、得到」。
- access information 接近資訊、取得資訊

★★★

intend
[ɪn`tɛnd]

intention (n.) 意圖
intended (adj.) 有意的

(v.) 打算   aim, want, design

The government programme was primarily **intended** for those who had recently moved to the country.

這項政府計畫主要是為最近搬到鄉村地區的人設計的。

必考！Collocations

be intended for ~ 為～而設的
intend to do ~ 打算做～

★★	(prep.) 經由、透過	through

via
[`vaɪə]

Corporations have been able to save on travel costs for their executives by holding teleconferences **via** free software.

透過免費軟體舉辦視訊會議，企業可以節省主管階層的出差費用。

> **英式 vs. 美式**
> 英式發音為 [`vaɪə]，美式發音為 [`vɪə]。

★.	(n.) 標本、樣品

specimen
[`spɛsəmən]

Multiple **specimens** were collected from the site and taken back to the lab for further observation.

多數的標本是採集自當地現場，再帶回實驗室做進一步的觀察研究。

★★	(n.) 優先、優先順位	preference

priority
[praɪ`ɔrətɪ]

Funding for educational initiatives should be given **priority** when making the state's budget for next year.

在編列明年州預算時，應該優先提供資金給教育方案。

必考！Collocations

be given priority 被給予優先權
as top priority 作為第一優先

★★★	(n.) 因素	cause, condition

factor
[`fæktɚ]

Does our genetic information make us who we are, or is it other **factors** such as our environment?

是我們的遺傳基因訊息決定我們是誰，還是其他如環境等因素決定呢？

必考！Collocations

insignificant factors 不重要的因素
factors contributing to ~ 引起~的因素
factors affecting ~ 影響~的因素

Day
20

★★★

impact
[ˋɪmpækt]

(n.) 影響、衝擊   **effect**

A well-designed working schedule can have a major **impact** on the productivity of employees.

一個設計完善的工作日程，會對員工的生產效率有相當大的影響。

必考！Collocations

an impact on ~ 對～的影響
a negative impact 負面影響
a positive impact 正面影響
an environmental impact 對環境造成的衝擊

大數據分析出題重點

impact [ɪmˋpækt] 當動詞，意思是「產生影響、衝擊」。

★★

expertise
[ˌɛkspɚˋtiz]

(n.) 專業技術、知識   **ability**

Only a few pianists have the **expertise** required to play the composition at the intended tempo.

只有少數幾位鋼琴家具備應有的專業技術，依照預定節奏演奏這首樂曲。

★★

fraud
[frɔd]

(n.) 詐欺

Hundreds of reporters gathered outside the company's headquarters after accusations of **fraud** were made against its CEO.

該公司的執行長被控詐欺之後，數百名的記者聚集在其總公司外面。

★★

integrated
[ˋɪntəˌgretɪd]

(adj.) 整合的

Students take **integrated** science courses in their early education and then focus on the distinct branches later in secondary school.

初等教育學生學習綜合科學課程，中學階段再專精學習不同的個別分科學門。

必考！Collocations

become integrated 變得整合

norm

[nɔrm]

Living with one's family well into adulthood is considered the **norm** in many Asian cultures.

在許多亞洲文化中，成人後和家人住在一起被認為是種常態。

必考！ Collocations

age norm 年齡常模（各年齡層的身心發展標準）

(v.) 指派（職務）　　　　　　　　　**entrust**

delegate

[ˋdɛləˏget]

delegation (n.) 代表團

Effective managers **delegate** daily responsibilities to their staff.

有效能的主管經理會指派每日的職務給他們的員工。

大數據分析出題重點

delegate 當名詞時，發音為 [ˋdɛləˏgət]，意思是接受委任的「代表、代理人」，考題中可與 representative（代表）釋義改寫。

(v.) 選出（代表）

They have **delegated** an accountant to go through their finances and find the errors.

他們選出一名會計師來檢查他們的財務狀況並找出錯誤。

(v.) 合作　　　　　　　　　**cooperate, team up**

collaborate

[kəˋlæbəˏret]

collaborative
(adj.) 共同合作的

collaborator
(n.) 合作者；通敵勾結者

Space agencies from three different nations **collaborated** on the satellite launch.

三個不同國家的太空總署共同合作發射這顆衛星。

認識語源讓學習更輕鬆！

collaborate 結合自 co-（一起）+ laborate（工作），就是「合作」的意思。labor（勞動）的英式拼法是 labour，但 collaborate 的拼法沒有「u」。

Day
20

exempt

[ɪɡˋzɛmpt]

exemption
(n.) 免除、減免（稅金）

(adj.) 免除的、豁免的

Only those with genuine disabilities are **exempt** from the nation's mandatory military service.
只有真正身體殘疾的人，才能免除國家的義務兵役。

必考！Collocations

exempt employee 受豁免員工
（為一種就業制度，領固定月薪，且沒有加班費的員工）

★★★

endure

[ɪnˋdjʊr]

endurance
(n.) 忍耐、耐久力

(v.) 忍受

The architect **endured** the harsh criticism of his latest building.
這位建築師忍受新建大樓的嚴厲批評。

★★

resolve

[rɪˋzɑlv]

unresolved
(adj.) 未解決的

(v.) 解決

To **resolve** any audio issues, first check the condition of the speaker cables on the back of the unit.
若要解決任何聲音上的問題，首先要檢查器材後方的喇叭線狀況。

必考！Collocations

resolve problems 解決問題
be resolved with ~ 透過～得到解決

★★★

arrival

[əˋraɪvəl]

arrive (v.) 抵達

(n.) 抵達；誕生

The practice of psychology changed with the **arrival** of Freud's work regarding dreams and the subconscious.
隨著弗洛伊德有關夢和潛意識的研究出現，心理學的應用方式也跟著改變。

必考！Collocations

the arrival of ~ ～的抵達；～的誕生
on arrival 到達時、一抵達

★★

parallel

[`pærə,lɛl]

unparalleled
(adj.) 無比的、空前的

(n.) 相似處   **similarity**

There are many **parallels** between how people treat their pets and how they are likely to treat their children.

人們對待寵物的方式，和他們對待自己孩子的方式可能有很多相似之處。

> **大數據分析出題重點**
>
> parallel 也當形容詞（平行的、相似的）和動詞（與～相似；與～同時發生）。
> • be parallel to 與～平行的、與～相似的
> 以下是反義詞 unparalleled（無可比擬的）常見的雅思考題 collocations。
> • unparalleled popularity 空前的大受歡迎
> • unparalleled expansion and growth
>   空前未有的擴張與成長

 ★★

solely

[`sollɪ]

sole
(adj.) 唯一的、單一的

(adv.) 只有、只是   **only, entirely**

Be aware when driving in the downtown area that the far right lane is **solely** restricted to city buses.

當在市中心開車駕駛時要注意，最右邊的車道僅供市區公車行駛。

 ★★

aggressive

[ə`grɛsɪv]

aggressively (adv.)
具攻擊性地；積極地

(adj.) 具攻擊性的；積極主動的   **assertive**

The new police chief adopted a more **aggressive** approach to handling the city's crime problem.

新任警察局長採取更積極主動的手段，來處理該城市的犯罪問題。

必考！Collocations

an aggressive approach 積極主動的方式、激進的手段
an aggressive behaviour 具攻擊性的行為

> **大數據分析出題重點**
>
> 具有攻擊性的行為 aggressive behaviour 可和以下單字連結。
> • anger 憤怒
> • frustration 挫折

Day
20

vanish
[`vænɪʃ]

(v.)（突然地）消失　　　　　　**disappear, die out**

To this day, scientists are uncertain what caused the civilisation to **vanish** so suddenly.

直到今日，科學家仍然無法確定是什麼原因導致文明社會突然地消失。

vanish from public life 隱退公開場合

---

disperse
[dɪ`spɝs]

(v.) 使散開、使擴散

The substance is **dispersed** into the atmosphere via planes, and they can then promote or prevent precipitation.

該物質透過飛機擴散到大氣層後，可以促使或阻止降雨。

---

overlook
[ˌovɚ`lʊk]

(v.) 忽視　　　　　　　　　　**underestimate**

Many bosses **overlook** the need to listen to their staff carefully, which is in fact the most important part of their job.

許多老闆輕忽了仔細傾聽員工的必要性，事實上那是他們工作中最重要的部分。

必考！ Collocations

overlook the need to do something 忽略了做某事的必要性

> **大數據分析出題重點**
>
> overlook 表示「疏忽重要事項」，可用以下字彙釋義改寫。
> • miss 錯過
> • fail to notice 沒有注意到

(v.) 俯瞰

The west coast of Bali features several scenic temples **overlooking** the blue sea.

峇里島西部海岸的特色，在於幾座俯瞰著藍色大海如美景般的寺廟。

★	(v.) 偽裝、掩飾

camouflage
[ˋkæməˏflɑ‚ʒ]

Their patterned feathers allow the owls to **camouflage** themselves and evade potential predators.
特殊圖案的羽毛讓貓頭鷹能夠偽裝自己，並躲避潛在的捕食者。

★★	(adj.) 原材料的、未加工的

raw
[rɔ]

A rise in the costs of **raw** materials made the price of electronics increase around the world.
原料成本的增加，使全球電子產品價格上漲。

> **必考！Collocations**
>
> raw materials 原物料

★★	(adj.) 相容的

compatible
[kəmˋpætəbəl]

incompatible (adj.)
不相容的、無法共存的

The latest update made the application **compatible** with older phone models.
最新的更新作業，使該應用程式能與舊型號的手機相容。

> **必考！Collocations**
>
> compatible with ~ 可與～相容的

> **英式 vs. 美式**
>
> 母音與母音之間的 [t]，美式以連音輕發 [d] 的音。因此 compatible 的英式發音為 [kəmˋpætəbəl]，美式發音為 [kəmˋpædəbəl]。

★	(adv.) 完全的、坦白的　　　　　　　**entirely**

outright
[ˏautˋraɪt]

Flavoured tobacco products, which specifically appeal to youths, have been banned **outright**.
特別吸引年輕人的加味菸品目前已經完全禁止。

> **大數據分析出題重點**
>
> outright 也作形容詞使用，以下是雅思常見的 collocation。
> • outright fraud 徹底的詐欺行為

Day
20

★★ (n.) 疾病 **disease**

ailment

[`elmənt]

Today's most dangerous street drugs were once prescribed by doctors to cure various **ailments**.

現今最危險的街頭毒品，曾經是醫生用來治療各種疾病的處方藥。

大數據分析出題重點

意義上可以和以下字彙釋義改寫。
• medical problems 醫療問題

Ⅰ 請找出各單字對應的意思並連起來。

1.	fraud	①	取得途徑
2.	integrated	②	標本、樣品
3.	resolve	③	專業技術、知識
4.	disperse	④	忍受
5.	norm	⑤	使散開、使擴散
6.	exempt	⑥	解決
7.	endure	⑦	免除的、豁免的
8.	access	⑧	標準、規範
9.	specimen	⑨	詐欺
10.	expertise	⑩	整合的

Ⅱ 請找出各單字對應的近義字並連起來。

11.	collaborate	⑪	through
12.	parallel	⑫	only
13.	vanish	⑬	cooperate
14.	solely	⑭	disease
15.	ailment	⑮	aim
16.	aggressive	⑯	disappear
17.	via	⑰	effect
18.	impact	⑱	assertive
19.	factor	⑲	cause
20.	intend	⑳	similarity

解答

1. ⑨ 2. ⑩ 3. ⑥ 4. ⑤ 5. ⑧ 6. ⑦ 7. ④ 8. ① 9. ② 10. ③
11. ⑬ 12. ⑳ 13. ⑯ 14. ⑫ 15. ⑭ 16. ⑱ 17. ⑪ 18. ⑰ 19. ⑲ 20. ⑮

Day
20

🎧 040 **仔細聽音檔並閱讀單字，學習完成在框中打 ✓**

☐ **religious** [rɪ`lɪdʒəs]
宗教的

☐ **paradoxical** [ˌpærə`dɑksɪkəl]
自相矛盾的、似非而是的

☐ **violent** [`vaɪələnt]
暴力的

☐ **salient** [`selɪənt]
顯著的、突出的

☐ **misleading** [mɪs`lidɪŋ]
令人誤解的、誤導的

☐ **colossal** [kə`lɑsəl]
巨大的

☐ **vibrant** [`vaɪbrənt]
充滿活力的

☐ **opulent** [`ɑpjələnt]
豪華的

☐ **unblemished** [ʌn`blɛmɪʃt]
無瑕疵的

☐ **coarse** [kors]
粗糙的

☐ **fierce** [fɪrs]
激烈的；兇猛的

☐ **vigorous** [`vɪɡərəs]
精力充沛的

☐ **undeterred** [ˌʌndɪ`tɜd]
不受阻的、不灰心喪氣的

☐ **impulsive** [ɪm`pʌlsɪv]
衝動的

☐ **unworkable** [ʌn`wɜkəbəl]
不可行的、難以實施的

☐ **startling** [`stɑrtəlɪŋ]
令人吃驚的

☐ **prevalent** [`prɛvələnt]
普遍的

☐ **desperate** [`dɛspərɪt]
情急迫切的、極度渴望的

☐ **cumbersome** [`kʌmbəsəm]
笨重的、累贅的

☐ **arbitrary** [`ɑrbəˌtrɛrɪ]
隨心所欲的；專斷的

Basic Vocabulary
200

001 ☐	**see**	(v.) 看見
		(v.) 明白、理解
		• see the point 理解觀點
002 ☐	**place**	(n.) 地方、場所
		• in place 準備就緒
		• in places 在某些地方
		(n.) 位置、座位
		(v.) 放置
		• be ideally placed to do something
		處於理想位置、狀態做某事
		(v.) 強調、重視
		• place more value on individual happiness
		較重視個人的幸福
		• emphasis is placed on ~
		強調、著重在～
003 ☐	**increase**	(n.) 增加
		(v.) 增加
004 ☐	**local**	(adj.) 當地的、本土的
		• the locals 當地居民
005 ☐	**collect**	(v.) 收集
		(v.)（包裹）取件
		• collect and deliver 取件與運送
		(v.) 收取（租金、稅等）
		(v.) 聚集、聚攏
		• Rainwater collects in the bucket.
		雨水收集於水桶。
006 ☐	**sound**	(n.) 聲音
		(v.) 聽起來
		• sound strange 聽起來奇怪的
007 ☐	**discover**	(v.) 發現、找到
008 ☐	**public**	(adj.) 公共的
		(adj.) 民眾的、大眾的
		(n.) 民眾、大眾
		• in public 在公開場合

009 ☐	clear	(adj.) 乾淨清澈的
		(adj.) 清楚的、易於理解的
		• clear instructions 清楚的指示
		(adj.) 確定的、明確的
		• clear reasons 明確的原因
		(v.) 清除、移除
		• clear summer stock 清除夏季庫存
		(v.) 許可、批准
		• clear regulations 批准法規
010 ☐	cause	(v.) 導致、造成
		(n.) 原因、起因
011 ☐	material	(n.) 材料
		(adj.) 物質的
		• material culture 物質文化
012 ☐	form	(v.) 形成
		(n.) 形式、方式
		(n.) 表格
013 ☐	travel	(v.) 旅行
		(v.) 行進
		• The animal travels 20km a day.
		該動物一天行進 20 公里。
014 ☐	claim	(n.) 聲明、斷言
		(n.) 索款、索賠
		(v.) 聲稱、宣稱
		(v.) 認領、索取
015 ☐	provide	(v.) 提供
016 ☐	process	(n.) 過程、步驟
		(v.) 處理
		(v.) 加工
017 ☐	likely	(adj./adv.) 有可能的

018 ☐	**transport**	(n.) 運輸、運送 • Road transport is more expensive than rail transport. 公路運輸成本高於鐵路運輸。 (n.) 交通工具 • public transport 大眾運輸工具 • accommodation and transport 住宿與交通方式 (v.) 運輸、運送
019 ☐	**complete**	(v.) 完成 (v.) 填寫（表格） (adj.) 完整的
020 ☐	**whether**	(conj.) 是否 • whether or not 是否
021 ☐	**field**	(n.) 田地；運動場 (n.) 界、領域 • the field of science 科學領域 (n.) 現場、實地 • field work 田野調查、工作 • field trip 校外教學、實地考察
022 ☐	**approach**	(n.) 方法、途徑 (v.) 接近
023 ☐	**period**	(n.) 時期
024 ☐	**range**	(n.) 範圍；種類、系列 • a range of ~ 各類的～ (n.) 山脈 (v.) 範圍從～到～ • Prices range from \$10 to \$50. 價格範圍從 \$10 到 \$50。
025 ☐	**known**	(adj.) 聞名的 • a well-known chef 有名的主廚 • known as ~ 被熟知為～
026 ☐	**similar**	(adj.) 相似的

| 027 ☐ | **learn** | (v.) 學習 |
| | | (v.) 意識到 |

| 028 ☐ | **ability** | (n.) 能力、才智 |

| 029 ☐ | **invest** | (v.) 投資 |

030 ☐	**common**	(adj.) 普遍的
		(adj.) 共同的
		• in common with ~ 與～相同
		• have ~ in common 有～相同處

| 031 ☐ | **since** | (conj./prep.) 自從 |
| | | (conj.) 因為 |

| 032 ☐ | **behaviour** | (n.) 行為、舉止 |

033 ☐	**present**	(adj.) 目前的、現在的
		(adj.) 在場的
		(n.) 現在
		(n.) 禮物

| 034 ☐ | **popular** | (adj.) 受歡迎的 |
| | | (adj.) 大眾的、普及的 |

035 ☐	**further**	(adj.) 更遠的
		• need further research 需要進一步調查
		(adv.) 更遠地
		• go further 走更遠

036 ☐	**sense**	(n.) 感官
		• a sense of smell 嗅覺
		(n.) 意識
		• common sense 常識
		• a strong sense of purpose 強烈的目的意識
		(n.) 含意、意義
		• describe the sense of ~ 敘述～的含意
		(v.) 察覺、感覺

| 037 ☐ | **result** | (n.) 結果、後果 |
| | | (v.) 產生、造成 |

038 ☐	**leave**	(v.) 離開
		(v.) 遺留
		(v.) 使保持～狀態
		• leave sb alone
		讓某人獨自一人、不打擾某人
		(n.) 休假
		• sick leave 病假

039 ☐	**control**	(v.) 控制
		• control the volume 控制音量
		(v.) 控管
		• strictly control 嚴格控管
		(n.) 管制、控制

040 ☐	**fit**	(v.) 合適、可容納
		• fit in ~ 適應～環境
		(v.) 安裝
		• be fitted with ~ 安裝有～
		(adj.) 身材精實的
		• keep fit 保持身材精實
		(adj.) 適合的
		• fit for ~ 適合～的

041 ☐	**condition**	(n.) 狀況、情況
		• medical condition 醫療情形
		(n.) 條件、前提
		• ideal conditions 理想條件

| 042 ☐ | **improve** | (v.) 改善、進步 |

| 043 ☐ | **construct** | (v.) 建設、建造 |

| 044 ☐ | **bring** | (v.) 帶來 |
| | | (v.) 導致 |

| 045 ☐ | **disease** | (n.) 疾病 |

046 ☐	**hard**	(adj.) 堅硬的 • a hard shell 硬殼 (adj.) 困難的 • hard problems 困難的問題 • hard work 艱難的工作 (adj.) 努力的 • hard at work 對工作努力的 (adv.) 努力地 • work hard 努力地工作
047 ☐	**recent**	(adj.) 最近的
048 ☐	**shape**	(n.) 形狀 (v.) 形成、塑造成 • be shaped like a cone 形狀像圓錐體
049 ☐	**original**	(adj.) 原始的、起初的 (adj.) 原創的
050 ☐	**climate**	(n.) 氣候 • climate change 氣候變遷
051 ☐	**interest**	(v.) 使有興趣 • I'm interested in music. 我對音樂有興趣。 (n.) 興趣 • She has a lot of interest in art. 她對藝術有很大的興趣。 (n.) 利率 • low interest 低利率
052 ☐	**average**	(adj.) 平均的 (n.) 平均值、平均水準 (v.) 平均數是、平均為
053 ☐	**various**	(adj.) 各式各樣的
054 ☐	**space**	(n.) 空間 (n.) 太空 (v.) 在～中留間隔

055 ☐	**manufacture**	(v.)（大批）生產 (n.) 生產、製造
056 ☐	**impossible**	(adj.) 不可能的
057 ☐	**perhaps**	(adv.) 或許、可能
058 ☐	**subject**	(n.) 科目 (n.) 主題 (n.) 主詞 (adj.) 取決於～、視～而定 • subject to change 可調整的
059 ☐	**argue**	(v.) 辯論
060 ☐	**understanding**	(n.) 理解
061 ☐	**reduce**	(v.) 降低
062 ☐	**describe**	(v.) 描述
063 ☐	**traditional**	(adj.) 傳統的
064 ☐	**financial**	(adj.) 金融的 • financial meltdown 金融風暴
065 ☐	**method**	(n.) 方法
066 ☐	**nature**	(n.) 自然 (n.) 本質
067 ☐	**previous**	(adj.) 之前的
068 ☐	**strategy**	(n.) 策略
069 ☐	**expert**	(n.) 專家 (adj.) 專業的、內行的
070 ☐	**region**	(n.) 地區

071 ☐	cover	(v.) 掩蓋、覆蓋
		(v.) 處理、包括
		(v.)（媒體）報導
		(v.) 代理某人的工作
		(v.)（保險）承擔、支付
		(n.) 封面
		(n.) 掩護、掩蓋處
072 ☐	according to	(prep.) 根據 • according to the CEO 根據執行長的說明
073 ☐	throughout	(prep.) 在各處 • throughout the country 全國各地 (prep.) 至始至終 • throughout the year 一整年
074 ☐	create	(v.) 創造、建立
075 ☐	necessary	(adj.) 必要的
076 ☐	participant	(n.) 參加者
077 ☐	chance	(n.) 機會、風險 • take a chance 冒風險 (n.) 可能性 • chance of rain 降雨機率
078 ☐	goods	(n.) 商品、貨物 • heavy goods 重貨 • goods transport 貨物運輸
079 ☐	follow	(v.) 跟隨、尾隨 (v.) 追蹤事件、密切關注
080 ☐	ancient	(adj.) 古老的
081 ☐	supply	(v.) 供給
082 ☐	due to	(prep.) 基於～、因為～

083 ☐	**consider**	(v.) 考慮
084 ☐	**continue**	(v.) 持續
085 ☐	**decade**	(n.) 10 年 • a few decades later 幾十年後
086 ☐	**notice**	(n.) 注意、關注 (n.) 通知、公告 • at short notice 短時間內通知 (v.) 注意
087 ☐	**safety**	(n.) 安全性
088 ☐	**surface**	(n.) 表面
089 ☐	**urban**	(adj.) 都市的
090 ☐	**length**	(n.) 長度 (n.) 期間
091 ☐	**survey**	(n.) 調查
092 ☐	**positive**	(adj.) 正面的
093 ☐	**purpose**	(n.) 目的、意圖
094 ☐	**tend**	(v.) 傾向做～
095 ☐	**match**	(v.) 配對 (v.) 符合、達到 • try to match customers' expectations 試圖達到客戶的期待 (n.) 比賽 (n.) 旗鼓相當的對手 (n.) 搭配
096 ☐	**specialise**	(v.) 專攻、專門從事 (v.) 擅長

097 ☐	**opinion**	(n.) 意見
098 ☐	**united**	(adj.) 團結的
099 ☐	**spend**	(v.) 花費
100 ☐	**highly**	(adv.) 高度地 • highly similar 高度相似的 (adv.) 在高處
101 ☐	**opportunity**	(n.) 機會
102 ☐	**receive**	(v.) 收到
103 ☐	**standard**	(n.) 標準、水準 (adj.) 標準的 (adj.) 標準通用的
104 ☐	**structure**	(n.) 結構
105 ☐	**surround**	(v.) 圍繞
106 ☐	**correct**	(adj.) 正確的 (v.) 更正
107 ☐	**distance**	(n.) 距離
108 ☐	**miss**	(v.) 錯過 (v.) 思念
109 ☐	**private**	(adj.) 私人的
110 ☐	**reach**	(v.) 抵達、延伸 (v.) 取得聯繫
111 ☐	**planet**	(n.) 星球
112 ☐	**face**	(v.) 面對 • face problems 面對問題 (n.) 臉

113 ☐	**prefer**	(v.) 偏好
114 ☐	**document**	(v.) 紀錄、紀載 (n.) 文件、檔案
115 ☐	**chemical**	(adj.) 化學的 (n.) 化學物質 • add chemicals 添加化學物質
116 ☐	**difficulty**	(n.) 難度
117 ☐	**relevant**	(adj.) 相關的 (adj.) 正確的、合適的
118 ☐	**suppose**	(v.) 推測 • be supposed to understand 應該能夠理解
119 ☐	**corporate**	(adj.) 公司的 (adj.) 集體的
120 ☐	**normal**	(adj.) 正常的
121 ☐	**compared to/with ~**	與～相比
122 ☐	**employ**	(v.) 僱用 (v.) 利用
123 ☐	**historical**	(adj.) 歷史的
124 ☐	**investigate**	(v.) 調查
125 ☐	**path**	(n.) 路徑
126 ☐	**unique**	(adj.) 獨特的
127 ☐	**register**	(v.) 註冊 (v.) 注意到、意識到 • hardly register 幾乎沒有注意到

128 ☐	**responsible**	(adj.) 負責任的 　• be responsible for ~ 對～負責任
129 ☐	**rise**	(v.) 上升 (n.) 上升、增加 (n.) 走紅、成名 (n.) 小山坡
130 ☐	**practical**	(adj.) 能解決問題的、可行的 　• practical advice 有效的建議 (adj.) 實際的 　• practical uses 實際使用
131 ☐	**prepare**	(v.) 準備
132 ☐	**spread**	(v.) 蔓延、延展 (v.) 散播 　• spread disease 散播疾病 (n.) 蔓延、擴散
133 ☐	**prevent**	(v.) 預防
134 ☐	**publish**	(v.) 出版 (v.) 發表、公布
135 ☐	**cultural**	(adj.) 文化的
136 ☐	**double**	(v.) 使～變雙倍 (adj.) 兩倍的 (n.) 雙人比賽；替身演員
137 ☐	**limit**	(v.) 限制 (n.) 限制
138 ☐	**solution**	(n.) 解決方案 (n.) 溶液
139 ☐	**warn**	(v.) 警告

140 ☐	**regulation**	(n.) 規定、法規
		(n.) 管理、規定
		• self-regulation 自我管理、自我調整（透過社會經驗，修正自我的行為）
141 ☐	**happen**	(v.) 發生
		• What happened to the ship? 船艦發生什麼事了？
		• happen to find 偶然發現
142 ☐	**response**	(n.) 回應
143 ☐	**revolution**	(n.) 革命
144 ☐	**closely**	(adv.) 緊密地
		• closely related 緊密相關的
		(adv.) 仔細地
		• watch closely 仔細觀看
145 ☐	**force**	(v.) 強迫
		(n.) 力量
146 ☐	**valuable**	(adj.) 值錢的
		(adj.) 有用的、有價值的
147 ☐	**add**	(v.) 增加
148 ☐	**attend**	(v.) 出席
		(v.) 照料、注意
		• attend to details 注意到細節
149 ☐	**dangerous**	(adj.) 危險的
150 ☐	**deliver**	(v.) 運送
151 ☐	**female/male**	(n.) 女性／男性
152 ☐	**remain**	(v.) 剩餘
		• Nothing remains. 沒有剩下任何東西。
		(v.) 保持
		• remain positive 保持正向

153 ☐	**raise**	(v.) 舉起
		(v.) **提高、增加**
		• raise standards 提高標準
		(v.) **提起**
		• raise another question 提出另個問題
		(v.) **引起**
		• raise fear 引起恐懼
		(v.) **養育**
154 ☐	**repair**	(v.) 修繕
		(v.) **恢復**
		• rest and repair 休息與恢復
		(n.) **修理工作**
		(n.) **修復**
		• the repair of the natural environment 自然環境的修復
155 ☐	**except**	(prep./conj.) 除了～外
156 ☐	**perform**	(v.) 表現
157 ☐	**quiet**	(adj.) 寧靜的
		(adj.) 沉默寡言的
158 ☐	**straight**	(adj.) 筆直的
		(adv.) 直接地
159 ☐	**destruction**	(n.) 破壞
		• forest destruction 破壞森林
160 ☐	**detailed**	(adj.) 細節的
161 ☐	**existence**	(n.) 存在
		• the existence of ～ ～的存在
		• in existence 有存在
162 ☐	**flow**	(v.) 流動
		(n.) 流動

163 ☐	**personality**	(n.) 個人特質
164 ☐	**attract**	(v.) 吸引
165 ☐	**law**	(n.) 法律 (n.) 定律
166 ☐	**satisfy**	(v.) 使滿足
167 ☐	**express**	(v.) 表達 (adj.) 快速的
168 ☐	**reserve**	(v.) 預約 (v.) 保留、儲備 (v.) 保有、留給 　• reserve the right 保有權利 (n.) 保護區 　• nature reserve 自然保護區
169 ☐	**trust**	(v.) 信賴 (n.) 信賴
170 ☐	**vital**	(adj.) 至關重要的 (adj.) 生命的 　• vital signs 生命跡象
171 ☐	**contribute**	(v.) 貢獻 (v.) 造成 (v.) 投稿、撰稿
172 ☐	**decrease**	(v.) 降低、減少 (n.) 降低、減少
173 ☐	**operate**	(v.) 操作、作業 (v.) 營運 (v.) 動手術
174 ☐	**rapid**	(adj.) 快速的

175 ☐	**object**	(n.) 物件 • historical objects 歷史物件 (v.) 反對 • strongly object 強烈反對
176 ☐	**peak**	(v.) 抵達高峰 • The price peaked in May. 價格在五月達到高峰。 (n.) 高峰、最高點 • The price rose to a peak in May. 價格在五月達到高峰。 (adj.) 尖峰的 • at peak time 尖峰時刻
177 ☐	**relationship**	(n.) 關係
178 ☐	**request**	(v.) 要求 (n.) 要求
179 ☐	**the majority of ~**	多數的～ • the majority of students 大多數的學生
180 ☐	**acquire**	(v.) 獲得；採購
181 ☐	**definitely**	(adv.) 肯定地、的確地
182 ☐	**emphasis**	(n.) 強調
183 ☐	**indicate**	(v.) 指出 • the research indicates that ~ 研究指出～ (v.) 標記 • indicate the time 標記時間
184 ☐	**proof**	(n.) 證實；證據
185 ☐	**prove**	(v.) 證明
186 ☐	**purchase**	(v.) 購買 (n.) 購買物

187 ☐	**candidate**	(n.) 候選人
		(n.) 考生、應試者
188 ☐	**survive**	(v.) 存活、生存
189 ☐	**debate**	(v.) 辯論
		(n.) 辯論
190 ☐	**predict**	(v.) 預測
191 ☐	**represent**	(v.) 代表
		(v.) 象徵、作為～的意義
192 ☐	**unfortunately**	(adv.) 不幸地、遺憾地
193 ☐	**gain**	(v.) 得到、贏得
		(n.) 獲利、增加
194 ☐	**hire**	(v.) 租用
		• hire a bike 租腳踏車
		(v.) 僱用
195 ☐	**assume**	(v.) 假定、臆測
196 ☐	**capable**	(adj.) 有能力的
197 ☐	**secondary**	(adj.) 次要的
		• secondary problems 次要問題
		(adj.) 中學的
198 ☐	**skilled**	(adj.) 熟練的、技術高超的
199 ☐	**doubt**	(v.) 懷疑
		(n.) 疑惑
200 ☐	**intelligent**	(adj.) 聰明的
		(adj.) 智能的
		• intelligent robots 智能機器人

索引 Index

D

S

EZ TALK

IELTS VOCA 雅思高頻字彙 2000：
首創 LR+SW 分科單字，30 天雅思 Band 7 ！

(QR Code 英國真人發音)

作　　者：黃俊映、SIWONSCHOOL 語學研究所
譯　　者：趙苑曲、謝宜倫
責任編輯：許宇昇
校　　對：許宇昇、鄭莉璇
封面設計：謝志誠
內頁設計：蕭彥伶
內頁排版：張靜怡
行銷企劃：陳品萱

發 行 人：洪祺祥
副總經理：洪偉傑
副總編輯：曹仲堯
法律顧問：建大法律事務所
財務顧問：高威會計事務所

出　　版：日月文化出版股份有限公司
製　　作：EZ 叢書館
地　　址：臺北市信義路三段 151 號 8 樓
電　　話：(02) 2708-5509
傳　　真：(02) 2708-6157
網　　址：www.heliopolis.com.tw
郵撥帳號：19716071 日月文化出版股份有限公司

總 經 銷：聯合發行股份有限公司
電　　話：(02) 2917-8022
傳　　真：(02) 2915-7212
印　　刷：中原造像股份有限公司
初　　版：2021 年 5 月
初版 3 刷：2022 年 12 月
定　　價：599 元
Ｉ Ｓ Ｂ Ｎ：978-986-248-956-7

IELTS VOCA 雅思高頻字彙 2000：首創
LR+SW 分科單字，30 天雅思 Band 7 ！／
黃俊映、SIWONSCHOOL 語學研究所作；
趙苑曲、謝宜倫譯 . -- 初版 . -- 臺北市：
日月文化 , 2021.05
000 面；14.7×21 公分（EZ Talk）
ISBN 978-986-248-956-7（平裝）
1. 國際英語語文測試系統　2. 詞彙
805.189　　　　　　　　　110003376